映画から学ぶ人生のヒント
― 英語教育と人間教育の視点から ―

寶壺貴之

スクリーンプレイ

はじめに 「英語学習に映画を利用する意義について」

　本書は、長年大学の英語教育に携わってきた筆者が語学学習に映画を利用する「映画英語教育」の観点から、英語を自主学習することの方法や意義、発展的学習について述べたものである。その際、映画の文化的・社会的背景を踏まえたうえで、「英語教育学的視点」から「人間教育学的視点」へと展開していく点が特徴である。

　グローバル社会を迎え、2020年度から始まる公立小学校の高学年での英語教育の教科化等、日本の英語教育の目的はコミュニケーションのためであるという見解は益々定着している。将来、小学校低学年から英語教育が導入されることに伴い、幼保・小・中・高・大連携の英語教育についてこれまで以上に体系的に考察する必要が出てきたと言える。他方、大学英語教育に目を向けると、受験者の多様化によって入学者選抜競争が緩和され、同じ大学内でも英語の基礎を学ぶ学生から留学志望の学生までいるという現状がある。大学の英語教員の直面している問題は、あまりにも多様化した学生のため大学の授業が成立しにくくなっているということにある。このような状況で、理解が帰納的であり「一目で状況が分かりやすい」映画を利用して主体的な自主学習としての語学教育を推奨することは意義がある。

　本書では、筆者が大学の語学学習に映画を利用した授業実践（映画英語教育）を行ってきた経緯から、一般教養の英語や専門科目の英語までを範疇としたあらゆる大学生に向け、あるいは語学教育に関わる小・中・高等学校の教員や、社会人を含めた語学学習者に映画を利用して、英語を自主学習することの可能性について論じている。ここでは、学習者が主体性を持って持続、継続できる学習方法を理解、実践することが最も大切である。

　具体的には、映画英語アカデミー学会の総則、「映画の持つ教育研究上の多様な可能性に着目し、英語 Education と新作映画メディア Entertainment が融合した New-Edutainment を研究し（中略）我が国の英語学習と教育をより豊かにすることを目的とする」に基づき、小・中・高・大学生・社会人を対象にした、教材的価値を評価して推薦を受けている映画の中から、特に英語学習と共に人間の生き方にもヒントを与える20作品（2010年以降の比較的新しい映画14作品を中心にして、それ以前の映画6作品）について論じた。

各章は、「あらすじ」、「映画の背景」、「映画の見所」、「推薦の理由」、「学習ポイント」（英語学習の方法）、「英語の特徴」（会話の速度、発音の明瞭さ、語彙、専門用語、文法の準拠度等、この映画で使用されている英語の特徴を解説している）、「印象的なセリフ」（英語学習の際、覚えておくとよい表現）、「リスニング難易度表」、「発展学習」（「学習ポイント」よりさらに深く学習する際のポイントを解説）の項目から構成されている。「学習ポイント」を利用して英語のコミュニケーション能力を養い、「印象的なセリフ」を理解することで、名場面から「英語表現」を学び、受信能力と共に発信能力を養成することに繋がる。そのうえで、「発展的学習」として映画の登場人物の生き方や考え方を学ぶことができる。つまり各章は、1.映画の文化的・背景的視点、2.英語教育学的視点、3.人間教育学的視点の三つのパースペクティブから学際的に内容が構成されている。

　外国語を学ぶことは、異国の文化や歴史、社会について理解が深まり、最終的には人間の生き方や人間の理解につながる。その意味で、本書は学際的な観点から、言語学習を起点に、人間理解への発展へと繋がることに積極的に貢献していくことができる。なお本書は、「映画英語アカデミー学会」監修の学会誌『映画英語アカデミー賞』等に、執筆投稿した原稿を、英語教育と人間教育の観点から加筆修正したものである。

　本書の出版が岐阜聖徳学園大学の令和元年度学術図書出版助成を受けて行われたことを、ここに付記して感謝申し上げたい。そして、執筆・編集するにあたって、特に網野千代美先生（元中部学院大学教授）、宝壺直親先生（岐阜県立岐阜各務野高等学校教諭）の両氏には、共に30年以上の英語教育の経験から貴重なコメントを数多く頂いたことに対して、ここに記して深く感謝申し上げる。また本書の出版に向けてご尽力いただいた、株式会社フォーイン スクリーンプレイ事業部の小寺巴氏をはじめ、鈴木雅夫氏、鈴木誠氏、菰田麻里氏にも、心からの御礼を申し上げたい。最後に、研究、生活のすべての面において、いつも励ましてくれる家族に感謝したい。

2019年9月　　　寶壺貴之

目次

はじめに 「英語学習に映画を利用する意義について」

第 1 章	きみがくれた未来 ……………………………………………	2
第 2 章	家族の庭 ………………………………………………………	8
第 3 章	人生の特等席 …………………………………………………	14
第 4 章	LIFE! / ライフ ………………………………………………	20
第 5 章	天国は、ほんとうにある ……………………………………	26
第 6 章	ミニオンズ ……………………………………………………	32
第 7 章	しあわせはどこにある ………………………………………	38
第 8 章	しあわせへのまわり道 ………………………………………	44
第 9 章	スター・ウォーズ / フォースの覚醒 ………………………	50
第 10 章	ゴーストバスターズ …………………………………………	56
第 11 章	コンカッション ………………………………………………	62
第 12 章	ローグ・ワン / スター・ウォーズ・ストーリー …………	68
第 13 章	スター・ウォーズ / 最後のジェダイ ………………………	74
第 14 章	ハン・ソロ / スター・ウォーズ・ストーリー ……………	80
第 15 章	アンドリュー NDR114 ………………………………………	86
第 16 章	フィールド・オブ・ドリームス ……………………………	92
第 17 章	ラスト サムライ ………………………………………………	98
第 18 章	ベスト・キッド ………………………………………………	104
第 19 章	モリー先生との火曜日 ………………………………………	110
第 20 章	リロ & スティッチ ……………………………………………	116

むすび 「映画英語学習の発展の可能性」……………………………………… 122

映画情報 ……………………………………………………… 124
初出一覧 ……………………………………………………… 131
参考文献 ……………………………………………………… 133
参考映像資料 ………………………………………………… 134
索　引 ………………………………………………………… 136

映画から学ぶ人生のヒント
― 英語教育と人間教育の視点から ―

1. きみがくれた未来
Charlie St. Cloud (2010年製作)

■ 映画の文化的・背景的視点

【あらすじ】

　高校生のチャーリー（ザック・エフロン）は、自分を慕う11歳の弟サム（チャーリー・ターハン）と彼らを女手一つで支える母のクレア（キム・ベイシンガー）の3人で暮らしていた。ヨットの類まれな才能に恵まれた彼は奨学金を得て、大学へ進学する予定だった。しかし、卒業式の夜に自動車事故に遭い、自分は命を取り留めるが、サムは帰らぬ人になってしまった。弟を守れなかったことに強い罪悪感を覚えるチャーリーは、葬儀の最中に、墓地の裏手の森に駆け込んだ。その前に現れたサムと再会を喜ぶチャーリーは、夕暮れの時間になると必ずキャッチボールをするようになった。それから5年後のある日、高校の同級生で今もヨットの夢を追い続けているテス（アマンダ・クルー）と再会し、彼は強く惹かれていく。未来への希望と過去に失ったものの間で、彼に奇跡が起こるのであった。

【映画の背景】

　この映画は、2004年に発表され米国でベストセラーになり、また高い評価を得て15カ国で翻訳されているBen Sherwoodの小説、*The Death and Life of Charlie St. Cloud* をもとに作られた。作者のベン・シャーウッド自身がプロデューサーの1人となり、足掛け5年をかけた作品である。主役には、テレビ映画版と劇場映画版両方の『ハイスクール・ミュージカル』で日本でも大人気のザック・エフロンが抜擢され、主人公のチャーリー・セント・クラウドを演じた。また弟サムをチャーリー・ターハンが演じているほか、レイ・リオッタやキム・ベイシンガー等、ベテラン俳優が出演している。この作品は、ベン・シャーウッドの個人的な経験から書かれたものであるが、この作品を通して、私たちは改めて、人生とは何か

について深く考えることになる。

【映画の見所】

　この物語は、弟を亡くした罪の意識と、自分自身の人生の未来への希望との狭間で揺れ動く主人公チャーリーが、新たな愛の出会いを機に進むべき人生を見出していく姿が実に見事に描かれている。弟を失いたくない気持ちと、テスへの想いの間で揺れ動く彼の心の葛藤がこの映画の最大の見所である。そして、嵐の海でテスが遭難し、捜索が難航する中、チャーリーは迷うことなく救出に向かう。テスを捜し続けるチャーリーと、サムとの約束の時間が過ぎてゆく。「ごめん、約束を破るよ」とチャーリーが森で待ち続ける弟サムにそう呼びかけた時、誰もが想像もしなかった奇跡が起こる。また、サムがゴーストなのかチャーリーの想像なのかについて、観る人たちがそれぞれの見方をすることができる点も、この映画の見所の一つである。

【推薦の理由】

　ザック・エフロンが『ヘアスプレー』(2007)をはじめ、学園ミュージカルで日本でも有名であることはよく知られているが、彼が全く別のジャンルでも演技力を発揮できると気付かされたのがこの作品である。俳優が演じる役に応じて、観る側が感情移入することは多いが、この映画を観ていればこれまでのザック・エフロンの学園シリーズの主役というイメージを完全に払拭できる、まさに彼にとっては新境地の映画となった。彼の心境の変化や成長を経て、これまでとは違う「大人の役」を演じたことにより、これまでのイメージから脱却した部分を是非とも感じ取ってほしい。

　またチャーリーは、自分を助けた救命士フロリオ(レイ・リオッタ)の言葉に気づかされ、未来を生きる為の力をもらう。実は、このフロリオは出番が少ないのであるが、チャーリーの肉体だけでなく、精神も救った素晴らしい人物である。他方で、邦題の指す"きみ"はフロリオなのかサムなのか、もしくはチャーリー本人なのかを想像しながらこの映画を鑑賞できる点も推薦の理由の一つである。

英語教育学的視点

【学習ポイント】

　この映画の中には、特に人生の選択肢に関する場面が多く出てきて、人生に関する英語表現を習得していくのには、恰好の素材である。先ず、チャーリーが弟のサムに大学へ入学するまでの間、野球を教えてやる約束をしたが、一度サムが遅れてきたときに、But if you keep me waiting like this, just one time, the whole deal's off.（ただし一度でも遅刻したら、そこで終わりだ）と言う。これは弟に時間の大切さを教える英語表現である。また、チャーリーが自動車事故に遭ったとき、救命士のフロリオが、There's no such thing as a lost cause.（人は希望を捨てない）と言い、その後にチャーリーは奇跡的に命を取りとめる。

　また事故から5年後に救命士のフロリオがチャーリーに偶然街中で会ったときに、もう癌で余命幾ばくもないにも関わらず、自分の人生を振り返って、I have no regrets. I lived a full life.（心残りはない。充実した人生だった）と言う場面がある。それに対して、チャーリーが弟のサムの死以来、人生に前向きでないと分かると、Why did you get a second chance? God just doesn't show off. There's got to be a reason. God gave you a second chance.（なぜ、君が生き延びたか。無意味な奇跡はない。生かされた理由があるはずだ。だから、神は君にもう一度チャンスを与えたんだ）と、チャーリーに前向きに生きることの大切さを説く。それから、自分の人生に向かっていくために、You're a young man. You should be out in the world living your life. Don't squander this gift you've been given.（君はまだ若い。外に出て自分の人生を歩め。神の贈り物を無駄にするな）と鼓舞する。前述したようにフロリオという役は出演場面こそ少ないが、チャーリーが弟のことでどうしても自分の人生を歩めなくなっている時に、彼を動かす言葉をかけるのだ。このカフェでの一連の会話は本作品の鍵となる重要な場面である。

　学習者にもこの場面の英語表現を覚えるのみならず、つまり表意と共にこれらのフレーズの真意も理解してマスターしてもらいたい。

【英語の特徴】

　使用されている英語表現は、殆ど俗語や卑語がなく学校での学習教材として適している。スピーディな展開のため、セリフは多めであるが、ストーリーの内容が易しいので会話の発音は明瞭で聞き取りやすい。また生と死を扱っていること等から、内容的に高校生から大学生向けの英語表現と考える。会話部分に於ける語彙、表現はシンプルなものが多いが、ヨットに関するスポーツ用語の英語表現や人生に勇気を与える英語表現も多く出てくる。さらに、英語の特徴に加えて留意すべき点が、日本語字幕の影響である。同じ言葉でも場面の状況によって、どのように解釈されるかは異なる。例えば、チャーリーがテスに向かって、食事に誘う場面で、**Charlie: Beer or Wine?　Tess: Surprise me.** という会話がある。英語教師である筆者らは、「ビールかワインかどちらがいい？」という問いに対して、「私を驚かせて」と直訳的に解釈するのであるが、実際の日本語字幕では、ビールもワインという単語も出てこないで、「何を飲む？」に対して、「お任せで」となっている。折角、映画を使用して英語を学習するので、私たちにとって一見馴染み深い日本語字幕についても注意することでより学習の幅が広がる。

【印象的なセリフ】

（1）映画の冒頭で、チャーリーが心配そうな弟のサムに言う場面である。
　　　Don't worry, that's going to be us one day.
　　（心配するな、いつか行こうな）
（2）大学に合格したチャーリーだが、家計の状況を考えて一年働いてからスタンフォードに入学すると言った時に母がチャーリーに諭す場面である。
　　　You can't put life on hold, Charlie. It doesn't wait for you.
　　（人生は進んでいかなきゃ、待ってはくれないんだよ）
（3）映画の最後に、躊躇しているテスにチャーリーが言う場面である。
　　　Just take a chance, Tess.
　　（テス、さあ、挑戦して）

【リスニング難易度】

この映画の特徴を9項目各5点満点（5「難」→1「易」）で評価している。

スピード	明瞭さ	米国訛	米国外訛	語彙	専門語	ジョーク	スラング	文法
3	3	3	2	3	2	3	2	3

人間教育学的視点

【発展学習】

　この映画の後半の場面では、テスがチャーリーに対して、Charlie, at some point we all have to let go.（チャーリー過去にとらわれていてはいけない）と言い、チャーリーは、I can't lose Sam, Tess.（サムを失いたくない）と答える場面がある。チャーリーはこの時点ではまだどうしても弟のサムのことが気になっている。大切な人を亡くしていつかはその別れを受け入れなければならないが、この葛藤をよく表した場面である。しかし、最後には遭難したテスを助けるために、チャーリーは弟サムに、Forgive me, Sam.（許してね、サム）とお別れを言うことができ、サムもチャーリーに I love you, Charlie.（愛してるよ）と言う。そして、光となったサムがテスの場所をチャーリーに教えてくれて奇跡的にテスは助かる。人生で大切なものは何であるかを英語表現と共に学ぶことができる。

　また、この映画では、大学生や社会人が自分の人生について再考し、登場人物の行動を通して、「生とは、または死とは何か」を考えながら英語を学習することができる。主人公のチャーリーが弟の死という身近な人物の死を通して、またチャーリーのまわりの人たちとの交流を通して、「人生をどのように捉えるか、また自分の人生についてあきらめずに一歩を踏み出す」という信念を確立していく過程を考察することが可能である。その意味では、対象者としては特にこれからの進路を決めていく大学生を中心に挙げたい。

　さらに、この映画は前述のように原作の小説が存在するので、大学生が学習する際には、小説の原文と映画を比較して学習することを薦める。例えば、映画の内容をよりよく理解するために、事前に学生に対して、*The Death and Life of Charlie St. Cloud* を予習の段階で読んで学習させておくことも一つの方法である。または、最初に映画を鑑賞した後に小説を読むという方法もある。映画と小説の内容がどのように異なるかをグループで考えさせ、特に興味深い部分があれば、各自でリサーチした内容をハンドアウトにまとめ、プレゼンテーションさせるという方法を取ることができる。実際にこの映画は1時間40分ほどの長さのため、原作のポイントとなる部分だけを凝縮させたような作品になっている。そのため、原作と映画を比較するプレゼンテーションの授業を組めば、原作を映像ではどのように描いているのか、また映画化するにあたってどのような部分を削らざるを得なかったかを理解することにより学習が更に深まる。その際、人生の生き方について、議論を進めることも可能である。

　また、映画の特定の場面を選択指定し、学習者の意見を求めることもできる。例えば、弟を失いたくない気持ちと、テスへの想いの間で揺れ動く彼の心の葛藤がこの映画の最大の見所である。この場面について、学習者間でグループワークを展開することもできる。もし、自分が主人公のチャーリーだったらどんな行動を取るか、また弟のサムであったなら、どうしてほしいのか等、登場人物の気持ちを慮ることによって自分自身の人生の選択をどのようにしていくかの疑似体験にもなり、この映画の学習方法の一つとして提案することが可能である。

　さらに関心を拡げていきたい学習者は、他の映画と比較して学習することもできる。例えば、ロビン・ウィリアムズ主演の『いまを生きる』(1989)では、演劇をしたいという学生が厳格な父親のしつけのもと、自分の人生について葛藤して最後には死という選択肢を選んでしまうことや、実話から映画化された、『モリー先生との火曜日』(1999)では、ALS（筋萎縮性側索硬化症）という重い病気になってしまった大学時代の恩師のモリー先生が最期まで人生について前向きに生きた模様を描いている作品等が挙げられる。このような作品と比較して学習するならば、自分の人生についてあきらめず前向きに立ち向かっていくことの大切さについても考察することができる。

2. 家族の庭
Another Year　　　　　　　　　　　　　　　（2010年製作）

映画の文化的・背景的視点

【あらすじ】

　人生の秋を迎えた夫婦のトムとジェリー、そこに集まる人々の喜怒哀楽を描いた物語である。地質学者の夫トム（ジム・ブロードベント）と、医療カウンセラーの妻ジェリー（ルース・シーン）は長年連れ添ってきた老夫婦である。普段はそれぞれが働いているが、休日になると市民菜園で野菜作りを楽しみ、美味しい料理とお酒を味わうという充実した日々を送っていた。唯一気掛かりなことは、弁護士の息子ジョー（オリヴァー・モルトマン）が30歳にもなってまだ恋人もいない様子であるということくらいだった。一方で、彼らの家庭を訪れる友人や親族等（ジェリーの同僚のメアリー、トムの幼馴染みのケン、社会にも自分の家族にも適応できないトムの兄や、反抗的なその息子）は、それぞれに孤独を抱えている。特に、ジェリーの同僚のメアリー（レスリー・マンヴィル）はそんな夫婦のもとに足繁く通うが、いつも男運のなさを嘆いてばかりの大酒飲みで、ちょっとしたトラブルメーカーである。彼女は幸福なジェリーと自分とを比べては、タバコとワインを手放せない状態に陥っている。そんなメアリーはどうも、小さい頃から知っているジョーのことが気になり始めたようだ。しかしある日、ジョーが恋人を連れてやって来た。明るく気だてのいい彼女にトムとジェリーも大喜びだったが…。夫婦の周りの友人や親戚は、皆何らかの苦しみを抱えて生きている。しかし、誰の人生にも意味があるのだということをこの作品は教えてくれる。

【映画の背景】

　この映画は、脚本を書かず、俳優と共にキャラクターを作り上げていくことで

有名な英国の名匠マイク・リー監督の長編第11作目となる人間ドラマである。今回も脚本が無い段階から俳優たちに集まってもらい、即興によるリハーサルを重ねていくうちに脚本を作っていくというユニークな映画作りが展開された。そのため登場人物は、実生活をそのまま反映させているのではないかと思わせるほど現実味がある。また、リハーサルのプロセスだけで5カ月以上も費やしているが、俳優たちはリー監督と共に、登場人物の構成に関わることができることは素晴らしいと思っている。さらに、リー監督と仕事をするとキャラクターのみならず、洋服やヘアースタイルに至るまで、深い意味を持つようになると考える俳優が多くいる点もこの作品の背景の一つになっている。

【映画の見所】

　この映画はありふれた日常を描いているが、中心には安定した生活を送る老夫婦がいて、そのような安定した受け皿が存在しているからこそ、悩みや不安を抱えた友人たちが安心して訪れることができるのである。リー監督は困難な人生を送っている人たちと夫婦のつき合いをただ単に描写するだけで、なぜ惨めな人生になったのかという理由の解明や、解決策を与えているわけではない。一見、自分の人生は自己責任でどうにかしなさいと突き放しているようにも感じられるが、登場人物のすべての人生に意味があり、それぞれの人生の奥深さこそがこの作品の見所でもある。

【推薦の理由】

　『人生は、時々晴れ』（2002）等、英国の巨匠、マイク・リー監督による深く人生の意味を考えることのできる人間ドラマである。これまで英国の人々の悲喜劇を描き続けてきたリー監督にとって、長編第11作目となるこの『家族の庭』は、揺るぎない信頼関係で結ばれている家庭と、彼らのもとに集まる人々の喜怒哀楽を時にユーモラスに時にシニカルに表現している作品である。前述の『人生は、時々晴れ』にも出演しているレスリー・マンヴィルが演じたメアリーをはじめ、登場人物全員の人生の奥深さに胸打たれる。

英語教育学的視点

【学習ポイント】

　この映画は、すべての人々が何らかの悩みや苦しみを持って生きているが、誰の人生にも意味があるのだということを物語っている。ここでは、「人生」について語っているジェリーとトムの会話の一例を取り上げる。

　ジェリーとトムの夫婦の会話の中で、友人のメアリーの心の状態がさらに悪くなっていくのは自分のせいではないかとジェリーが嘆き、それに対してトムが答える場面がある。**Gerri:** My goodness.　**Tom:** Mm?　**Gerri:** She gets worse.　**Tom:** I know. Desperate.　**Gerri:** I feel a bit guilty.　**Tom:** What?　**Gerri:** Well, you know.　**Tom:** No…　**Gerri:** No. You're right.　**Tom:** I don't think I really enjoyed History at school.　**Gerri:** Didn't you?　**Tom:** Maybe I did. It's just that the older you get, the more relevant it seems. To state the bleeding obvious. **Gerri:** We'll be a part of History, soon.　**Tom:** Exactly.（ジェリー：やれやれ。トム：ん？ ジェリー：悪化しているわ。トム：自暴自棄だな。ジェリー：私のせいかも。トム：何が？ ジェリー：だって。トム：それは違う。ジェリー：ええ、あなたの言うとおりね。トム：昔、僕は歴史の授業が苦手だった。ジェリー：本当に？ トム：そう思っていた。歳を取ると、何が大切なのかが分かってくる。悔しいほど真実なんだ。ジェリー：じきに私たちも歴史の一部になるわ。トム：その通りだね）。この中で特に、It's just that the older you get, the more relevant it seems. や、We'll be a part of History, soon. という表現は表意ばかりでなく、真意を考えながら学習することが大切なポイントとなる。映画の中で、このような格言的な英語表現を自分で探し出すことも学習の一端となる。

　別の学習ポイントとしては、ESP (English for Specific Purposes 特定目的のための英語）の観点が挙げられる。例えば、映画の最初の場面では、医師と患者のジャネットの次のようなやり取りがある。**Janet:** You think it's going to stop, don't you?　**Doctor:** Right, I'm just going to take your blood pressure. Can you pop your arm on the desk for me? There you go. Can you straighten it up, and push up your sleeve? (ジャネット：そのうち治ると思っていました。医師：では、血圧を測るわ。机の上に腕を出してください。では、袖をまくってください) や、**Doctor:** Okay, if you could just lean forward for me and take a few deep breaths, in through your mouth. (医師：では、体を前に傾けて深呼吸してください) という英語表現は、ESP の観点から、将来医療系や看護系の仕事を目指す大学生のための英語学習にも役立つ。また、一般的な診療のやり取りの場面として捉えることもできるので、状況ごとの英会話学習もできる。医師の他に、地質学者や医療カウンセラーや弁護士や作業療法士等、様々な職業に就いている登場人物が現れるので、自分でその場面をピックアップして学習することも可能である。

【英語の特徴】

　幸福な家庭の老夫婦と、その周りの人々の人間模様が描かれた会話中心の映画であるのでセリフは少し多めである。しかし、英語表現は俗語や卑語が少なく、学習教材として適している。また英国の作品なので、英国英語の特徴が多く聞かれる。例えば、特徴的な "R" の発音や、はっきり発音する "T" の音、また登場人物のメアリーが、"Oh, it's really lovely the way you and Tom do everything together." と話す場面にあるように、英国人は "lovely" を好んでよく使う等、発音面や表現面で米国英語との比較ができる。

【印象的なセリフ】

（1）医療カウンセラーのジェリーが、不眠症の患者のジャネットとの会話で質問する場面である。

　　Gerri: On a scale of one to ten, how happy would you say you are, Janet?
　　　　（幸福度を10点満点で表すと、何点なの？）

（2）ジェリーの同僚のメアリーが、トムとジェリー夫婦のところを訪ね、お酒を飲んで今の悩みを話す場面である。

　　Mary: Exactly, Tom. That's exactly why I'm getting it. You see, I like just taking off and escaping, don't I, Gerri? (そのとおりよトム、だから

車を買うの。日常から脱出するのよ、そうでしょ、ジェリー)
Gerri: Mm.(んん)
Mary: I feel like I'm being somebody else.(別の人間になりたいわ)

(3) また、メアリーは自分の人生を嘆くかのように、ジェリーに抱きついて、しみじみと次のように話す場面である。

Mary: Oh, Gerri! Everybody needs someone to talk to, don't they?
(誰にだって話し相手が必要なの)
Gerri: Yes, Mary, they do.(その通りね)

【リスニング難易度】

この映画の特徴を9項目各5点満点(5「難」→1「易」)で評価している。

スピード	明瞭さ	米国訛	米国外訛	語彙	専門語	ジョーク	スラング	文法
4	3	2	4	3	4	3	3	3

人間教育学的視点

【発展学習】

　この映画では、人間誰しもが何らかの悩みや苦しみを持って生きていて、しかしどの人の人生にも意味があるのだということを示してくれる。カウンセラーのジェリーが不眠症のジャネットに、What would you say was the happiest moment in your life? と話しかける場面があるが、このセリフに集約されているように、登場人物の行動を通して、「生きるとは何なのか」という人生最大のテーマを考えながら英語を学習することができる。その意味で、人生の秋を迎えた老夫婦とその周りの生活を考えながら、特に大学生や社会人に、自分の人生について再考しながら学習していくことを薦める。主人公という言葉を用いることは、この映画に関してはとても難しい。すべての人の人生に意味があるという点で、登場人物全員が主人公になり得るからだ。従って、学習者が気に入った登場人物にフォーカスを当てて、その生き方を学習していく方法がある。つまり、ど

の登場人物の会話の中にもその人の人生観が表現されている。特に、トムとジェリー夫婦がそれぞれの人々に対応して話しかける場面では格言的なセリフが多く聞かれる。その会話を中心に学習を進めれば、英語学習のみならず、「自分の生き方や人生をどのように捉えるか、またどのような人生にも意味があり、あきらめずに前へ、一歩踏み出す」という勇気や信念を学び取ることができる。さらに、学習を発展的に進めるために、同様に人生の意味について考えることのできる映画、例えば実話から映画化された、『モリー先生との火曜日』(大学時代の恩師のモリー先生がALS(筋萎縮性側索硬化症)という難病と闘いながら、人生を最期まで前向きに生きた様子が描かれている)のような作品とも比較して学習できる可能性がある。また、例えば、オーストリア出身の精神科医で心理学者のヴィクトール・エミール・フランクル(Viktor Emil Frankl、1905〜1997)の「人生」に関しての多くの著作物を読んだ後に、この映画について学習者同士でディスカッションをすることも可能である。

　他方、前述したように、ESPの観点から捉えると、この映画では学者やカウンセラーや弁護士や作業療法士等、様々な専門的職業の登場人物が現れる。従って、発展学習の一つとして、特定の専門家との会話で出てくる英語表現を集中して学習することも可能である。以下に、一例として弁護士をしているジョーが法律事務所で依頼人に話す場面を挙げる。Okay? I'm just going to take you briefly through what's going to happen in Court. Erm... I'll be representing Mr. Gupta on the day. We'll put the case to the judge, and he will agree to adjourn, which will then give us time to sort things out, okay?(大丈夫ですか。今から一緒に裁判所に行き、私がグプタさんの代理人となって、本件を判事に上げ、公判を延期してもらってその間に問題解決をしてはと思っています)。専門的な英語を学習する目的を持ちながら、専門家としての姿勢を、話し手の人間性を考察しながら学習することができる。

3. 人生の特等席
Trouble with the Curve
(2012年製作)

■ 映画の文化的・背景的視点

【あらすじ】

　人生の山あり谷ありを経験してきた不器用な父親ガス（クリント・イーストウッド）と、そんな父親に長い間、わだかまりを感じ続けてきた娘ミッキー（エイミー・アダムス）との親子関係の再生を描いた物語である。かつて大リーグの名スカウトと言われたガス・ロベルも、最近では年のせいで視力が低下して、成績の悪化に悩まされている。ハイテクを駆使したデータ野球全盛の時代に、彼のことを厄介者扱いする球団幹部も出てきてガスは窮地に立たされる。そんな父親に救いの手を差し伸べたのが、一人娘のミッキーで、ガスのスカウトマン人生をかけたキャリア最後の旅に、同行する。妻を早くに亡くし、ガスは娘を男手一つで育てようとしたが思うようにいかず、ミッキーは幼くして親戚に預けられてしまう。彼女は父親に嫌われているのだと思い、長年父と娘は微妙な距離を置いたままでの旅の始まりだった。

　今年注目の天才打者を目当てにノース・カロライナには各球団のスカウト陣が集まり、ガスがかつてピッチャーとしてスカウトし、今はライバル球団のスカウトマンになっているジョニー・フラナガン（ジャスティン・ティンバーレイク）の姿もあった。殆どのスカウトマンが絶賛する中、ガスだけは衰えた視力を娘に補ってもらいながら、2人が出したのは、「彼は変化球が打てない」との答えであった。それを聞き球団が下した結論とは。ガスとミッキーが旅の最後で見つけた「人生の特等席」とは何なのか。観る人を心から幸せにする作品である。

【映画の背景】

　この映画は、『ミリオンダラー・ベイビー』(2004)、『硫黄島からの手紙』

(2006) 等、俳優、監督、プロデューサーとして長年大活躍しているクリント・イーストウッドが、約4年ぶりに主演を務めた感動作である。彼は1930年米国カリフォルニア州サンフランシスコの生まれで、特に『許されざる者』(1992) と、『ミリオンダラー・ベイビー』でそれぞれ米アカデミー賞の作品賞と監督賞を合計で四つ獲得したのをはじめとして数多くの栄誉に輝いている。この映画は、イーストウッドが監督をしないで主演をする19年ぶりの作品でもあり、自ら俳優引退を撤回させた脚本も話題となっている。

【映画の見所】

クリント・イーストウッドがインタビューの中で、「この脚本の素晴らしいところは皆が共感できること」と語った親と子の葛藤をテーマに取り上げたのは、今回が初監督となるロバート・ロレンツである。実はロバート・ロレンツ監督はイーストウッドの長年の製作パートナーで『マディソン郡の橋』(1995) 以来、イーストウッドの製作プロダクション、マルパソ・プロの助監督、プロデューサーとして数多くの作品に参加した彼の後継者である。共演は、娘ミッキー役に『ザ・ファイター』(2010) のエイミー・アダムス、若きスカウトマン役に『ソーシャル・ネットワーク』(2010) のジャスティン・ティンバーレイクで、大ベテランと若手実力派の共演もこの映画の魅力の一つになっている。クリント・イーストウッドという大ベテランによる人生についての味わい深い考察こそ、この作品の一番の見所である。

【推薦の理由】

多角的に映画製作に携わり、多くの受賞歴によってその才能が裏付けされた名優が主演した作品である。『グラン・トリノ』(2008) では、主人公の誇り高き生きざまを演じたが、それから4年ぶりに、自らまさかの俳優引退宣言の撤回をして出演した作品である。80代のクリント・イーストウッドだからこそ伝えられる、父と娘の心あたたまる人生のストーリーである。

英語教育学的視点

【学習ポイント】

　クリント・イーストウッド演じるガスは、映画の至る所で人生にとって重要なことを教えてくれる。映画の中の人生の選択肢の場面で、ガスが語る言葉はどれも格言的で、人生に関する英語表現を学習していくのには恰好の素材である。

　先ず、早く先立たれた妻の Joanna の墓前で話しかける場面である。**Gus:** I'm sorry about not being around here lately. But I've been working a lot and... Your little girl... you'd really be proud of her. She's gonna be made a partner in the firm. How about that? I don't know where she got the brains. It's got to be from you. It wasn't from my part of the family, that's for sure. Anyway, I need you around to talk to her. You were always good at that. I have a hard time with that, you know? 最近、妻のお墓に顔を出していないことを謝り、娘のミッキーが本当に仕事も人生も頑張っていることを報告する。また自分はがんばったが娘となかなか上手くいかないことや、もっと娘といてやってほしかったこと等、ガスは自分の本音をここでは素直に表現している。このすぐ後の「ユー・アー・マイ・サンシャイン」の歌詞を呟く場面も、彼の心情を表している素直な表現である。

　次の場面では、誰を一位指名にしようか迷っているジョニーに対して、次のように話す。**Gus:** Don't be afraid to walk away. Go ahead and do what you like, Flanagan. まさに、野球ばかりでなく人生に必要な「捨て去る勇気を持つこと」と「自分の人生を好きなように生きること」の大切さについて説いている。さらに娘と語る場面では、**Gus:** I think maybe, maybe I could change the way I do things. **Mickey:** You already have. この旅を通して、ガスはミッキーに「これから変われるかもしれん」と言い、ミッキーが「もう大丈夫」と答える。父と娘がそれぞれの人生の大切な場所(特等席)を見つけた場面で、英語表現を学習することができる。

【英語の特徴】

　長年、疎遠であった父と娘が仕事を通して親子の絆を取り戻すスポーツ・ドラ

第 3 章　人生の特等席　17

マ映画で登場人物の会話が中心の映画である。使用されている英語表現は、殆ど俗語や卑語もなく学習教材としては適していて、スピードや明瞭さに関しても適度である。また大リーグをトピックとしているため、"Trouble with the curve."、"His hands drift."、"He can't handle a breaking ball." 等、野球英語に関しても学習できる。

【印象的なセリフ】

（1）娘のミッキーが、上司に会社での自身の役職を全うできるかと質問されたとき、大丈夫であることを答える場面である。
　　Gentlemen, my father is a baseball scout. And while he was hardly attentive, the one thing he did give me was experience.
　　（父はプロ野球のスカウトです。そして気を配るような人ではないですが、父から人生経験を学びました）

（2）父のガスが早くに亡くなった妻のジョアンナの墓石の前で、語りかける場面である。
　　I'm sorry about not being around here lately.
　　（久しくご無沙汰していてすまない）

（3）ミッキーが、いつも逃げてばかりで長年しっかり話せていないことを父親に少し皮肉を込めて言う場面である。
　　As always, it's been really great talking to you.
　　（今日もしっかり話ができて良かったわ）

（4）ミッキーが父との関係について悩んでいるときに、ジョニーが語りかける場面である。
　　As you know, to hit the magical 300, you fail seven out of ten times.
　　（驚異の 3 割バッターも 7 割は凡退するから）

（5）ミッキーは、野球が好きで父のガスとずっと一緒にいたかったことを本音で言う場面である。
　　They weren't the cheap seats. Spending every waking moment with my

dad watching baseball eating food that was no good for me. Playing pool, staying up too late. Those were the best seats in the house.
　（三等席なんかじゃないわ。起きている間中、パパと野球を観て体に悪いものを食べ、徹夜でビリヤードもして、でも人生の特等席だった）

【リスニング難易度】

この映画の特徴を9項目各5点満点（5「難」→ 1「易」）で評価している。

スピード	明瞭さ	米国訛	米国外訛	語彙	専門語	ジョーク	スラング	文法
3	3	2	2	3	3	3	2	2

人間教育学的視点

【発展学習】

　この映画は、家庭を顧みず大リーグの名スカウトマンとして生きてきた父と、年齢と共に視力が衰え、目がかすみ始めた彼の最後のスカウトの旅に、長年わだかまりを感じながらも同行することを決意した娘との心あたたまる物語である。不器用だが、コンピュータが一般に浸透してもなお、メールも使わず不器用にも昔ながらのスタイルを貫く父に初めて向かい合った娘が協力してスカウトの旅を続けるところは見ごたえ満載で、このガスとミッキーのやり取りから親子の関係を改めて考察することができる。
　スカウトの部分でもコンピュータを駆使したデータ野球全盛の時代に、彼のことを厄介者扱いする球団幹部も出てきてガスは窮地に立たされる。球団幹部の一部が、ガスを退職に追い込もうとしている中で、長年の同僚で友人のピートがガスの自宅を訪れる場面を取り挙げる。**Pete:** Gus, did you ever think in a million years that computers would be a part of this game?　**Gus:** Computers? Anybody uses computers doesn't know a damn thing about this game.　**Pete:** If you wanted to, you could access any high school or college roster pull the stats on any player any time. You wouldn't have to waste your time with all these papers.　**Gus:**

I'm not wasting my time. I enjoy doing this.　**Pete:** You know, they got a special program now that can calculate a player's stats and based on the competition he's seen tell you whether or not he's ready for the next level. You believe that?　**Gus:** Yeah, what else does it tell you?　When to scratch your ass?　**Pete:** I don't like them either, but they're part of the business now.　**Gus:** Pete, scouts, good scouts, are the heart of this game.　They decide who's gonna play, and if they're lucky, they decide how it's gonna be played.　But a computer, that can't tell if a kid's got instincts or not or if he can hit a cut-off man, or hit behind the runner.　Or look into a kid's face that's just gone oh-for-four and know if he's gonna be able to come back the next night like nothing's happened.　No, a computer can't tell you all that crap, I'll tell you. No. この場面で、ピートはスカウトにもコンピュータは必須で、データ主義の現在、コンピュータの有用性についてガスに語っている。しかし、ガスは「コンピュータではよい選手を見極めることも逆サイドに打てるかどうかも見極めることができない」ことを例に出して、泥臭くても人間の判断が重要であることを説いている。人生で何を大切にしているかが分かる場面である。

　さらに、この場面を利用して発展学習の一例として、例えば、同じ野球映画でもブラッド・ピット主演の『マネーボール』(2011)と比較して学習することができる。彼は、若くしてアスレチックスのゼネラルマネージャーに就任するが、自身が主張するデータ重視の野球理論に、貧乏球団が勝つための突破口を見つけ出すという、ガスとは真っ向から対立するような方法で球団の再生に取り組む映画である。『マネーボール』と『人生の特等席』の野球に対する考え方が相違している部分の英語セリフを聞き取り、ハンドアウトを作成したうえで、二つの映画の人間性の異なる部分についてディスカッションすることができ、人生の生き方についても学ぶことができる。

4. LIFE! / ライフ
The Secret Life of Walter Mitty （2013年製作）

■ 映画の文化的・背景的視点

【あらすじ】

　主人公のウォルター・ミティ（ベン・スティラー）は、伝統ある雑誌『ライフ』誌編集部の写真管理部門で真面目に働いてはいるものの、地味で平凡な人生を送る男だった。彼は、不器用な性格のため想いを寄せている経理部の同僚のシェリル（クリステン・ウィグ）に直接話しかける勇気もなく、SNSの写真を見つめているだけであった。若い時には、世界中を旅するという夢を持ったこともあるが、父親を亡くして以来、母親を思いやることを優先して、内向的な人生を歩んできた。しかし自分の空想の世界では、時に冒険者、時にアクションヒーローとなり、シェリルに対して情熱的な言葉をかけることもできた。

　ある日、出社したウォルターは、デジタル化の波でライフ社再編と、それによる『ライフ』誌の廃刊を知らされる。それと同時に、事業再編を担当する新しいボス、テッド（アダム・スコット）がウォルターらの前に現れる。彼は情け容赦ないリストラを推し進め、対象としてウォルターに目をつけている。しかも『ライフ』誌を代表するフォト・ジャーナリストであり、冒険家のショーン（ショーン・ペン）が「自身の最高傑作ゆえに、最終号の表紙に相応しい」と記す「25番目の写真」のネガが見当たらない。ウォルターは、ショーンを見つけるためオフィスを飛び出す。ウォルターの空想の世界ではない、現実の世界での冒険が始まり、これが彼自身の人生の転機である思いがけない旅となるのであった。

【映画の背景】

　『LIFE! / ライフ』は、2013年の米国映画で、平凡で地味な男性に突如、降りかかった思いがけない転機を描いているヒューマンドラマである。この映画は

1939年に発表された James Thurber の短編小説 "The Secret Life of Walter Mitty" を原作とするダニー・ケイ主演の映画『虹を掴む男』(1947) のリメイク作品でもある。かつてスティーヴン・スピルバーグ監督が手掛けるはずであったこのプロジェクトを自ら熱望して獲得したのは、映画『ナイトミュージアム』シリーズでお馴染みの天才ベン・スティラーである。彼はこの作品で、監督と主演の両方を務めた。そのことによって、抜群のユーモアのセンスを持つ天才俳優が、ある日突然、災難に見舞われてしまった主人公ウォルターの心の葛藤と変化をものの見事に表現した。

【映画の見所】

　ベン・スティラー監督は、極度の空想癖を持つウォルターの頭の中をヴィジュアル化することに成功して、現実とファンタジーの垣根を取り払ったことがこの作品の特徴の一つである。そして、ウォルターが旅するダイナミックなロケーションもこの映画を活気づけている。空想の世界から飛び出し、広大な大自然に飛び込んだ主人公が、大地を駆け、海に飛び込み、また過酷な山を越えていく姿は驚きと美しさに満ちあふれている。このようにウォルターの人生が変わり、輝き始める心を我々が共有できるのもこの映画の最大の見所である。

【推薦の理由】

　主人公のウォルターは、目の前の仕事や家族の事情等、現実に押し流されて自分の夢をあきらめてしまった男である。幼い頃に人が抱いた夢と大人になってから就いた仕事や日常での生活のギャップを感じながら、誰もが「これは自分のことかも」と思い当たるキャラクターでありその彼が自分探しの旅に出て、自分の可能性を再発見していく姿に私たちは共感を覚える。つまりウォルターの物語は、観客である私たち自身の物語でもあり、自分の人生をもう一度振り返る機会を与えてくれるという点で、この作品を大学生や社会人に推薦したい。

英語教育学的視点

【学習ポイント】

　この映画では、先ずウォルターと同僚とのやり取りの中で会社関係の英語が多く出てくるので、ビジネス英語を学ぶことができる。"We just got acquired."「会社が買収された」、"Downsizing of us into some kind of dot-com thing, possibly."「リストラされて、多分デジタル版になる」等の会話表現や "managing director of the transition."「事業再編担当」、"sales"「営業部」、"graphic design"「グラフィックデザイン」等の表現がある。

　またこの作品は、平凡で地味な男性に突如、降りかかった思いがけない転機を描いているヒューマンドラマである。主人公には極度の空想癖があり、作中では彼の頭の中の世界がヴィジュアル化して描かれる。空想の中では、ウォルターは普段の彼とは違い、とても積極的な考えを持ち、行動をとることができる。また、人生について前向きな発言も多くする。例えば、次に出てくるのは最初の場面でウォルターが想像上の世界で、自分が気に入っているシェリルの住んでいるビルが爆発されることを妄想して、そのビルに飛び込んでシェリルの飼っている犬を勇敢に助けるところである。**Walter:** Go, go, go! Get out! Get out! She's gonna blow! Go! Go!　**Cheryl:** Chips!　**Walter:** Over here!　**Cheryl:** Chips! Thank you. How did you know about the building?　**Walter:** I heard barking, thought I smelled gas. I hope it's okay. I engineered a prosthesis for Chips while I was sprinting down the stairwell. A little hip-joint assembly with a drop-ring lock and an anterior pelvic band.　**Cheryl:** God, you're noteworthy!　**Walter:** I just live by the ABC's: Adventurous, Brave, Creative.（ウォルター：逃げろ。急げ。ビルが爆発するぞ。逃げろ。シェリル：チップス。ウォルター：こだ。シェリル：チップス。ありがとう。なぜ分かったの。ウォルター：ガスが臭くて吠えたんだと思った。良かった。それから階段の吹き抜けを逃げる途中でチップスの義足を発明した。骨盤のバンドでまた関節に固定できる。シェリル：まあ、すごいわ。ウォルター：僕は、いつも冒険心と勇気と想像力を持っ

て生きている)。これ以外の場面でも、ウォルターは自分の空想の世界では、時にアクションヒーロー、時に冒険者となり、勇敢な人生を生きることができ、シェリルに対して情熱的に語りかけることもできた。つまり、これらの場面から人生の前向きな英語表現を学習できる。

【英語の特徴】

　主人公のウォルターとその周りの同僚や家族等、登場人物との小気味よい会話が行われる。基本的にはニューヨークが舞台なので、西海岸の英語に比べて学習者はスピードが少し早く感じられるかもしれない。しかし、テンポが良いのでリズムに乗って聞き取りやすい。また、ウォルターと同僚とのやり取りの中に、会社関係の英語も出てくるので、ビジネスシーンの英語表現も学習できる。

【印象的なセリフ】

(1) ウォルターが想像上の世界で、自分が気に入っているシェリルに言う場面である。

　I just live by the ABC's: Adventurous, Brave, Creative.
　(僕は、いつも冒険心と勇気と想像力を持って生きている)

(2) 会社に遅刻して、同僚から会社が買収されたことを聞かされる場面である。

　Hey. Bad day to be late. We just got acquired.
　(おい。今日遅刻するとは悪かったよ。うちの会社が買収された)

(3) 『ライフ』誌を代表するフォト・ジャーナリストで、冒険家のショーンがウォルターに宛てた手紙のセリフである。

　But number 25 is my best ever. The quintessence of life, I think.
　(でも、25番はこれまでで最高の写真だ。人生の神髄があると思う)
　ショーンの最高傑作なので、この25番は最終号に相応しいと言っている。

(4) 事業再編の担当者の1人が社員の前で、『ライフ』誌について述べる場面である。

　I just wanted to inform you all reluctantly that this month's issue will be our last.

(皆に知っておいてほしいことがある。実にご不本意だが、今月号で廃刊になる)事業再編のため、この後リストラがあることの前兆である。

【リスニング難易度】

この映画の特徴を 9 項目各 5 点満点（5「難」→ 1「易」）で評価している。

スピード	明瞭さ	米国訛	米国外訛	語彙	専門語	ジョーク	スラング	文法
4	3	3	3	3	3	3	2	3

人間教育学的視点

【発展学習】

　学習者は、ウォルターの行動から「人生の捉え方やあきらめずに自分の人生を一歩踏み出すことの大切さ」について学ぶことができる。ここでは、現実の世界でも前向きな生き方ができるようになった主人公に焦点を当てて学習する方法について述べる。

　先ず、『ライフ』誌の標語である To see the world, things dangerous to come to, to see behind walls, to draw closer, to find each other and to feel. That is the Purpose of LIFE.（世界を見よう。危険でも立ち向かおう。壁の裏側をのぞこう。もっと近づこう。お互いを知ろう。そして感じよう。それが人生の目的だから）の表現にもあるように、ショーンを探しに、そして空想の世界から本物の自分探しの旅に出たウォルターの生き方は、我々にも共通する人生で大切な多くのことを教えてくれる。

　次にウォルターがショーンを探しに来た旅先から、シェリルに電話をしているシーンである。ファストフードの「パパ・ジョンズ」で食事をしていたのに、気分が悪くなり外に出てしまった理由を素直にシェリルに話す。**Walter:** I was pretty close with my dad. And he died when I was 17, on a Tuesday. And we didn't have any savings. So I got a haircut that Thursday and a job the same Thursday. **Cheryl:** Papa John's?　**Walter:** Yeah.　**Cheryl:** Your dad let you have a mohawk?

Walter: He shaved my head.　**Cheryl:** That's a good dad move.　**Walter:** Yeah. ウォルターは父のことが大好きだったが、その父親が突然亡くなってしまう。その直後、「パパ・ジョンズ」で働かなければならなくなったというつらい思い出があったが、それをシェリルに話せるようになったことが彼の成長を物語っている。

　さらに、やっとの思いで、ショーンをアラスカの山で探し出した時の場面である。ショーンがついにユキヒョウを見つけた時、彼はレンズ越しに見ているだけで写真を撮らなかった。**Walter:** When are you gonna take it?　**Sean:** Sometimes I don't. If I like a moment, I mean, me, personally, I don't like to have the distraction of the camera. Just want to stay in it.　**Walter:** Stay in it?　**Sean:** Yeah, right there. Right here. ウォルターはショーンにどうしてユキヒョウの写真を撮らないのかを尋ねるが、ショーンは、「その瞬間が本当に好きなら、カメラに邪魔されたくない」つまり、本当に魂を揺さぶられるようなものであれば、写真を撮るよりも心で感じたいという気持ちがあることをウォルターに伝え、彼もその意味をはっきりと理解する。ここでも、ウォルターが現実世界の中で精神的に成長したことがとてもよく分かる。

　この映画のメッセージは、現実を受け止め、毎日の生活を大切にすれば、必ず自分にとって充実した人生を得ることができることを私たちに伝えている。ウォルターは会社を辞めさせられるが、最後に「25番目の写真」のネガを見つけてその内容は知らずにテッドに渡す。彼は写真よりも人生で本当に大切なものを見つけたのである。そして最終号が発行されたとき、ショーンがその表紙に最も相応しい写真は、"Dedicated to the People Who Made It."（これを作った人に捧げる）という言葉と共に、ウォルターが仕事をする姿であると後から知ったのも、主人公の生き方が変わった証拠である。学習者はこの表現からまさに人生の大切な点を理解する。

5. 天国は、ほんとうにある
Heaven Is for Real （2014年製作）

■ 映画の文化的・背景的視点

【あらすじ】

　ニューヨーク・タイムズのベストセラー小説 *Heaven is for Real: A Little Boy's Astounding Story of His Trip to Heaven and Back* (Todd Burpo and Lynn Vincent, 2010) を原作として映画化されたもので、ネブラスカの田舎町で暮らす家族に本当にあった奇跡の体験物語である。グレッグ・キニアがトッド・バーポ役、ケリー・ライリーがソーニャ・バーポ役、コナー・コラムがコルトン役を演じている。その田舎町で牧師をしている傍ら、小さな修理会社を経営しているトッド（グレッグ・キニア）は、2人の子どもに恵まれ幸せな毎日を過ごしていた。彼は経済的には困難に苦しみながらも頑なに神の存在を信じ続けていた。そんなある日、3歳の時に穿孔（せんこう）虫垂炎の手術で緊急入院し、生死の境をさまよったコルトン（コナー・コラム）は奇跡的に回復した後に、天国を旅してきた話を始めた。いわゆる臨死体験の話である。子供らしい無邪気さで当然のことのように旅の様子を話すコルトンに、まわりは驚愕した。なぜなら、話の内容にはコルトンが知っているはずがない彼が生まれる前の出来事も含まれていて、彼が出会ったという故人の描写はあまりにも真実と一致していたからである。コルトンから臨死体験の話を聞いた時、トッドは自分が牧師であるのに、天国の存在を受け入れていないことに気づき悩む。しかし、次第にコルトンの話を信じ始めたトッドと家族は、驚くべき体験の意味を真剣に考えるようになる。世界的ベストセラーを映画化した、奇跡と愛の感動ストーリーが展開される。

【映画の背景】

　映画の原作は、ニューヨーク・タイムズ紙のベストセラーリストに200週ラン

クインして全世界で900万部の売り上げを記録している、*Heaven is for Real: A Little Boy's Astounding Story of His Trip to Heaven and Back* である。この作品は、ある家族に起こった不思議な物語である。普通ではあり得ないような体験をし、臨死体験中に天国を見てきたと語る4歳の子の話に人々が迷いつつも癒されていく様子が描かれている。原作の共著者は、トッド・バーポとリン・ヴィンセントで、トッド・バーポは、とある田舎町にあるクロスローズ・ウェズーリアン教会の牧師であり、その他にもガレージ・ドアの修理会社を経営し、消防隊員や地元高校のレスリング部のコーチも務めるマルチな才能を持った人物である。リン・ヴィンセントは米国報道雑誌『ワールド』誌に於いて、11年間も編集者として勤務した経験を持ったニューヨーク・タイムズベストセラー作家である。

【映画の見所】

　映画化に際して、監督は『仮面の男』（1998）等で有名なランドール・ウォレス、俳優陣には、アカデミー賞ノミネート俳優で『恋愛小説家』（1997）等のグレッグ・キニア、『ロシアン・ドールズ』（2005）等のケリー・ライリー、『サイドウェイ』（2004）等のトーマス・ヘイデン・チャーチら実力派がそろっている。この俳優陣の圧巻な演技もこの映画の見所の一つである。また、「天国は本当にあるのだろうか」という問いかけに関しては多くの人が「死んだら分かる」としか答えられない。高等教育機関でもいくつかの大学で「死生学」について研究されてきている現状もある。学習者が「生」や「死」について考察できる点も、この映画の見所である。

【推薦の理由】

　本作品は、前述のベストセラー小説を映画化したもので、家族の奇跡を綴った物語である。緊急入院し、生死の境をさまよい奇跡的に助かった4歳の息子が「天国を見て来た」と話す臨死体験をテーマに物語が展開される。このことを人はどのように捉えるかが本作品の重要なポイントとなり、このテーマについて考えながらこの映画を観ていただくことを、大学生や人生経験を多く重ねた社会人等の学習者に推薦する。

英語教育学的視点

【学習ポイント】

　米国の田舎町に暮らす家族が経験した奇跡の実話を映画化した物語である。天国をみてきたと語るコルトンの臨死体験が周囲に与える影響、彼が語る天国やそこで出会った故人の話に人々が癒やされていく様子を描いている。映画では、グレッグ・キニア演じる牧師トッド・バーポが、教会での説教や映画の至る所で人生にとって重要なことを教えてくれる。

　先ず、英語表現としては、教会の説教の時に、先日行われたコミュニティでのソフトボール大会で自分が大けがをしたことを引き合いに出して次のように話す場面がある。**Todd:** As many of you already know, I was hurt sliding into third. I was safe. 先日のソフトボール大会で自分が三塁にスライディングした時、相手の選手と交錯して複雑骨折という大けがをしたが、命に別状はなく助かったことを表現している。これに対して聴衆の1人から、No, he was out. と言われ聴衆者はどっと笑う。英語表現らしく、命が助かったことでは「セーフ」なのだが、野球では「アウト」ということで、比喩的に意味を重ねている点がよく分かる。この例からも分かるように英語表現だけでなく、世の中に存在する言語表現にはとても比喩表現が多く、英語学習者としては、認知言語学的な観点からも比喩表現を理解することが言語学習にも大いに繋がるという意味で学習ポイントとして重要である。

　同じ説教の場面で、次のように話が続く。**Todd:** I had a great teacher early in the ministry who told me that we'd have good days and bad days. And we'd seldom know at the time which is which. But a few Sundays ago, as I was sliding into third and I heard the crack of my leg, I had a pretty good idea which was which. So, the Bible talks about adversity. The Bible talks about all things working-together for the good. 自分が牧師になったばかりの時に、恩師に言われた「良い日も悪い日もあり、その時には分からないんだ」という言葉を紹介し、先日のソフトボール大会で大けがをした時の例からも、聖書は逆境について

述べ、神はすべてのことを益とされるのであると説教している。映画の中では、トッドが話をする場面で、人生に役立つような表現を学ぶことができる。

　さらに別の場面では、病気で亡くなる父のためにとその息子に頼まれ、トッドは牧師として病院に行き、話をする。**Todd**: Is there anything you're sorry for? I believe God forgives. And if he forgives anything, he forgives everything. Our Father who art in heaven hallowed be Thy name. Thy kingdom come, Thy will be done. On earth as it is heaven.「悔い改めることは何かありますか？」の質問から始まり、「神はすべてを受け入れて赦してくださいます」と述べている。このようにトッドの話からこの映画では、英語表現を通して、文化理解の観点からも基本的なキリスト教の考え方についても学習できる。

【英語の特徴】
　ゆっくりと話す家族の会話の場面が多いので、比較的聞き取りやすい英語である。使用されている英語表現は、殆ど俗語や卑語もなく学習教材としては適していて、スピードや明瞭さに関しても適度である。一方、父親のトッドが言う、"So, now we've got a question."、"If heaven is for real, we'd all lead different lives, wouldn't we?"、"God crushed my pride."、"He opened my heart to love." 等の教会で使用される英語表現についても学習できる。

【印象的なセリフ】
（１）トッドが、映画の冒頭で述べる場面である。
　　Is heaven a hope or as real as the earth and sky?
　　（天国は希望なのか？または空や大地と同じで存在するのか）
（２）上記の質問に続いてトッドが昔、自分の祖父に尋ねたことがあり、それに対する祖父の答えが次の表現である。
　　I once asked my grandfather that question. And he said by the time he knew the answer it would be too late for him to tell me.
　　（私は、その質問をかつて祖父にしたことがある。祖父は、その答えは死ん

だら分かると言った）

（3）教会でトッドが人々を前に説教する時に、昔自分の恩師に言われた話をする場面である。

I had a great teacher early in the ministry who told me that we'd have good days and bad days.

（牧師になったばかりの時に、私の恩師がこう言いました。「良い日も悪い日もあり、その時には分からないんだ」と）

（4）モアランド大学のスレイター博士に科学的に「天国はない」と言われ、トッドが帰る時に彼女に言う場面である。

What if you have an encounter so far beyond your own experience that it's irrational? What then?

（もし自分の経験では、到底理解できない出来事に遭遇したら、あなたならどうします？）

【リスニング難易度】

この映画の特徴を9項目各5点満点（5「難」→1「易」）で評価している。

スピード	明瞭さ	米国訛	米国外訛	語彙	専門語	ジョーク	スラング	文法
3	3	3	2	3	3	3	2	2

▍人間教育学的視点

【発展学習】

映画では、旅先から帰った後、調子を崩して本当に危ない状態だったが奇跡的に助かったコルトンが、「天国を旅してきた」と語る臨死体験を主題に物語が進む。コルトンが大病を患った時に、彼に起こった不思議な体験についてトッドに話すが、トッドは自分が牧師であるのに息子の話を信じてあげられないと、思い悩む。しかし、徐々にトッドはコルトンの話を信じ始め、「臨死体験」について真剣に考えるようになる。実際に、手術中にコルトンが見たことを父親に話し、

父が「それをどうやって知ったのか？」ということを尋ねると次のように答える。Colton: Because I saw you. I lifted up and I looked down and saw the doctor working on me. And I saw you and Mommy.　Colton: I saw angels and they were singing to me.　Jesus: Colton, do you know who I am?　Colton: Nobody here wants to hurt me.　Jesus: There are some people here who want to meet you. コルトンは幽体離脱のような状態になり手術されている自分を見たと話す。また、別の場面で、天国に行った時には天使が自分に歌いかけてくれているのを見たこと、天国ではイエス・キリストにも会い、皆が安らかで平和であり、自分に会わせたい人がいること等を言われたと父親に話す。

　コルトンから話を聞いたトッドは戸惑う。臨死体験のことで、モアランド大学心理学部長のスレイター博士に意見を聞くために会いに行く。なぜなら、コルトンの話には知っているはずがない事実（コルトンの手術中の両親の様子等）が、含まれていて真実と一致していたからだ。そしてスレイター博士に、Todd: What if you have an encounter so far beyond your own experience that it's irrational? What then?（もし自分の経験では、到底理解できない出来事に遭遇したら、あなたならどうしますか？）と投げかけて大学を後にする。

　ハワイ大学イースト・ウェスト・センターで博士号を取得し「臨死現象」の専門家であるカール・ベッカー氏は、著書『死の体験 ─ 臨死現象の探求 ─』(1992) の冒頭で、「最近、日本において臨死体験や脳死問題が話題になっている。筆者は20年前の学生時代からこのような問題を研究してきたが、ようやく日本でも、これらのテーマを学問的な視点から考察できる時代になった。」と述べている。「科学と超常現象の接点」という課題に取り組まれたとても参考になる文献である。「臨死体験」については様々な見解はあるが、科学的にも哲学的にも考察することによって、発展学習として進めることができる。

6. ミニオンズ
Minions （2015年製作）

■ 映画の文化的・背景的視点

【あらすじ】

　本作は、ユニバーサル・スタジオ製作の大ヒットアニメ映画『怪盗グルー』シリーズに登場する人気キャラクターのミニオンたちが主役の映画である。人類誕生前から存在している黄色い単細胞の生命体だったミニオンたち。彼らの生きがいは「その時代の最凶で最悪のボスに仕えること」で、今までティラノサウルス、原始人、エジプトのファラオ、ドラキュラ伯爵、ナポレオン等に仕えてきた。ミニオンたちによって選ばれたそれぞれのボスたちは、様々な災難やアクシデントに見舞われ、結局亡くなってしまうのだ。やがて仕えるボスがいなくなり、彼らは生きる目的を失いかけていた。

　1968年、今の状況を変えようとリーダーになったケビンは、スチュアートとボブと一緒に新しいボスを探しにニューヨークに着き、ショッピングモールのテレビ番組で「大悪党大会」がオーランドで開催されていると知り、会場に向かう。そこで、女悪党スカーレット・オーバーキルと出会い、彼女はケビンたちを手下にしてロンドンまで連れて行き、エリザベス女王から王冠を盗んでくるように言う。スカーレットは王冠を手に入れることで、自らが英国の君主になることを企んでいた。果たして、スカーレットは自分の目的を果たすことができるのであろうか。その時、ミニオンたちの行動はいかに…。

【映画の背景】

　この映画は、ユニバーサル・スタジオ製作の大ヒットアニメ『怪盗グルーの月泥棒 3D』(2010)、『怪盗グルーのミニオン危機一発』(2013)という『怪盗グルー』シリーズに登場する人気キャラクター、ミニオンたちを主役に描いている。最初

の作品では、怪盗グルーの手下として働いていたミニオンたちは、単に「かわいい」だけではなく、「悪党になりたい」という野望と、彼らが本来持っている「善良さ」とのギャップで観る人を魅了している。このような両面性は私たちの誰もが併せ持っている点である。ミニオンズという人ではない生命体でありながらも実に人間らしい行動や心情を見せる彼らに私たちが共感する部分があるため、彼らは本作品では主役まで押し上げられたと言える。

【映画の見所】
　主役のケビンとスチュアートとボブという三者三様のキャラクターがこの映画を盛り上げている。ケビンは、背が高く目は二つで頭から飛び出た逆毛が特徴、ミニオン滅亡の危機を救うために立ち上がったリーダーである。スチュアートは、背の高さは2人の中間で目は一つでヘアースタイルは真ん中分け、ロックスターになることを夢見ている。ボブは、背は低く目は二つ（左右色が異なる）で毛の生えていないミニオンで小心者であるが、ボス探しの旅で重要な役割を果たす。ミニオンズの生きがいは「最凶で最悪のボスに仕えること」であるが、なぜか可愛らしく無邪気で純粋な彼らの行動と善良性が、この映画を益々楽しいものとしていて見所となっている。

【推薦の理由】
　2015年公開の米国の 3D コンピュータアニメーション・コメディ映画で、ユニバーサル・スタジオ製作の大ヒットアニメ『怪盗グルー』シリーズに登場する人気キャラクター、ミニオンたちを主役に描いている。実は、本作品ではミニオンは人類が誕生するずっと前から生きていたこと等が分かる。この愛くるしいミニオンズの正体がいよいよ明かされるという点で、お薦めしたい。また、学習者の多くが既知であると思うが、この映画ではミニオンズは人間の言語を話さない。日本語でも英語でもない言語が用いられていて、non-verbal communication の観点の学習からも推薦したい。

英語教育学的視点

【学習ポイント】

　ミニオンたちは人類が誕生するずっと前から生きていて、様々な時代背景の中でその時代のボスに仕えていたことが分かる。一見、アニメ映画なので小学生や中学生に向いているという見方もあるが、ここでは映画の中に異なった時代背景が出てくる点から、世界史を既習した高校生や大学生が Content-Based Approach の観点から学べる英語学習法について述べる。

　先ず、冒頭の10分でミニオンズの歴史と生き方が分かる。**Narrator:** Minions have been on this planet far longer than we have. They're all different, but they all share the same goal. To serve the most despicable master they could find. Making their master happy was the tribe's very reason. Finding a boss was easy. But keeping a boss, therein lies the rub. 黄色い生命体のミニオンたちはその時代で最凶のボスに仕える習性があった。新しいボスに選ばれた者は、ミニオンたちの失敗やアクシデントに巻き込まれて亡くなってしまうという運命をたどる。ここで、学習者はミニオンズが様々な時代のボスに仕えていたことを理解して、彼らの生きがいについても学ぶことができる。

　次に、映画の中では Minions Chronicle と言えるほど様々な時代が出てくる。具体的には、怪盗グルーとの出会いから遡ること 1) 1億4500万年前の「恐竜時代」、2) 25万年前の「原始時代」、3) 4000年前の「古代エジプト時代」、4) 550年前の「暗黒時代」、5) 335年前の「大航海時代」、6) 200年前の「フランス革命時代」、7)「ボス不在の時代」、そして 8) ついに怪盗グルーに出会う1968年ニューヨークやロンドンの時代となっている。学習者は他教科（世界史）で学習した内容の再確認をして、映画と英語を通して学び直すことができる。例えば、「原始時代（石器時代）」では、**Narrator:** With the emergence of the Stone Age came the rise of a new species. Man was very different from the dinosaur. He was shorter, hairier, and way, way smarter. The Minions took an instant liking to man, and helped him the best they could. と解説されている。恐竜時代のティラノサウルス

が活躍した時代と異なり、石器時代は人類の祖先である原始人が出現し道具を使い、ミニオンズも人類に手助けをするようになることが映像を見ると分かる。映像の良さは面白さと分かりやすさにあり、映像の特徴の一つは「見てすぐに理解できる」点にある。従って、映画を利用することで学習と理解が帰納的になる。映画を活用し歴史を学ぶことと、英語で学習し直す方法を取ることで理解がさらに深まる。

【英語の特徴】

　ミニオンたちが様々な場所でボスを探すので世界中が舞台となっている。従って、ニューヨークやオーランドの場面では米国英語を、そして英国の場面ではエリザベス女王をはじめとする人物が話す英国英語を聞くことができ、色々な英語を比較しながら学習することができる。使用されている英語表現は、学習教材としては適していて、スピードや明瞭さについても適度である。

【印象的なセリフ】

（１）映画の冒頭の場面で、ミニオンズがいつから生存しているのかについて解説している。

　　Minions have been on this planet far longer than we have.
　　（ミニオンズは、人類よりはるか昔から存在していた）

（２）ミニオンズの生きる目的について、述べる場面である。

　　They're all different, but they all share the same goal. To serve the most despicable master they could find.
　　（彼らは皆異なるが、生きる目的は同じだ。つまり、最凶のボスに仕えることだ）

（３）続いて、ミニオンズは何を生きがいに感じるかを説明している場面である。

　　Making their master happy was the tribe's very reason.
　　（ボスを喜ばせることが生きがいなんだ）

（４）ケビンの特徴の説明には、リーダーの気質がよく表れている。

Kevin felt pride. He was going to be the one to save his tribe.
　　（ケビンはプライドを感じていた。彼は、ミニオンズを救うのだと）
（５）スチュアートの特徴の説明で、彼がマイペースであることがよく分かる。
　　Stuart felt hungry mostly. He was going to be the one to eat this banana.
　　（スチュアートはいつも腹ペコだ。このバナナを食べるのは彼だ）
（６）ボブの特徴の説明には、彼の慎重である性格が表現されている。
　　Bob was frightened of the journey ahead.
　　（ボブはこれから始まる旅に怯えていた）

【リスニング難易度】

この映画の特徴を 9 項目各 5 点満点（5「難」→ 1「易」）で評価している。

スピード	明瞭さ	米国訛	米国外訛	語彙	専門語	ジョーク	スラング	文法
3	3	3	3	3	2	3	2	3

■ 人間教育学的視点

【発展学習】

　本作は、「学習ポイント」で述べたように、ミニオンズが様々な時代背景の中でその時代のボスに仕えてきた様子がプロローグで描かれる。発展学習としてさらにいろいろな時代を取り上げて学習する方法について述べる。映画で使用されている英語のセリフを活用することで、歴史や文学等他の専門科目について英語で学習することにも繋がる。「暗黒時代」を例に挙げると、**Narrator:** The Dark Ages were actually fun times. Their new master had a tendency to party all night and sleep all day. But eventually, the party was over. となっている。簡単な短い文章であるが、この時代の邪悪なボスはまさにドラキュラ伯爵のことを指し、最後の表現ではミニオンズが誕生日を祝福しようとして窓を開けた途端、日が差しドラキュラ伯爵は死んでしまう。
　さらに発展学習として、ドラキュラについて英文で読むことも可能であり、ま

た他の時代についても、歴史書などを英文で読むことが可能である。この方法は、「英語を学ぶ」から「英語で何かを学習する」というコミュニケーション重視の英語教育の中で重要とされている内容中心の教育方法にも繋がる。コミュニケーションという観点からすれば、最も重要なのは記号（伝達の手段）ではなく、メッセージ（伝達する内容）である。コミュニカティブ・アプローチでは、記号よりもメッセージ中心に教えられなければならないと考えられている。H.G. Widdowson が、著書 *Teaching Language as Communication* (1978) の中で、記号とメッセージの両方を教えることが大切であり、具体的には他教科の内容を英語でも学習してみるという方法は意味があると述べている。

　他の観点からは、ミニオンズのコミュニケーションのあり方に着目する方法もある。ミニオンたちはこの映画の主役でありながら英語を話さない。しかし、視聴者に大切な表現はとてもよく伝わる。大昔から生きていて世界を渡り歩いてきたミニオンズが話す言葉はかなり国際的だと考えられる。古代エジプト語の基礎を教えたファラオやナポレオンのフランス語、本格的なトランシルバニア語を教えたドラキュラ伯爵、あらゆる地域の人に仕えてきたのがミニオンズである。監督は、英語を話さないミニオンズの言おうとしている言葉をよく考え伝えている。そこには、一見何の意味もないような鳴き声とも捉えられるミニオンズの言葉に何かしらの規則性が存在しているのではないかとも思われる。それに加えて、言語学習（外国語学習）で必要な言葉の表現方法、つまりバーバルな部分と共に、態度やしぐさや間等のノン・バーバルな部分の大切さもこの作品から読み取ることができる。前述の Widdowson (1978: 73) にもノン・バーバルコミュニケーションの大切さが書かれているが、さらにこの要素も発展学習として追求することができる。

7. しあわせはどこにある
Hector and the Search for Happiness （2014年製作）

■ 映画の文化的・背景的視点

【あらすじ】

　ロンドンで精神科医として忙しく働くヘクター（サイモン・ペッグ）は、美人で完璧な恋人クララ（ロザムンド・パイク）と何不自由なく暮らしていた。しかし、毎日患者たちの不幸な悩みを聞き続けるうちに自分自身の人生も価値のないものに思えてきて、仕事にも恋愛にも行き詰ってしまう。ヘクターは自分の幸せも分からないのに、どうやって患者を幸せにできるのだろうと疑問を抱いた。そして、ついに「幸せとは何か」の答えを求めて世界中を回ろうと旅に出ることを決意する。ヘクターは英国を旅立ち、中国からチベット、アフリカ、そして米国に行く。行く先々でとんでもないハプニングに巻き込まれながらも、多くの人々に出会い、各地で経験して気づいた「幸せのヒント」を手帳に書き記す。上海で偶然に裕福なビジネスマン（ステラン・スカルスガルド）に出会い、魅力的な女性（ミン・チャオ）に惹かれる。チベットではスカイプを使いこなす高僧に悩みを聞いてもらい、旧友が働く診療所を短期間手伝うために訪れたアフリカでは、麻薬王と知り合い、酔っぱらったところをギャング集団に間違って捕らえられてしまう。また、ロサンゼルスでは昔の恋人に再会し、彼女の紹介でノーベル賞候補になっている幸福研究家からアドバイスを受ける。皮肉にも旅を続けるほどに、徹底的にやれと送り出してくれたクララとの距離はさらに広がってしまうのだ。旅の終わりに、ヘクターは愛と本当の幸せを見つけだすことはできるのだろうか。

【映画の背景】

　この2014年の英国のコメディ映画『しあわせはどこにある』は、世界中でベストセラーになったフランスの精神科医 François Lelord の2002年の小説 *Le*

Voyage d'Hector ou la Recherche du bonheur を原作としている。『Shall We dance? シャル・ウィ・ダンス？』(2004)や『マイ・フレンド・メモリー』(1998)等で有名なピーター・チェルソム監督によって映画化された。キャスティングについては、ヘクター役のサイモン・ペッグを筆頭にロザムンド・パイク、ジャン・レノ、ステラン・スカルスガルド、クリストファー・プラマー等、スターが勢ぞろいする国際的な顔ぶれになっている。

【映画の見所】

　ロンドンで精神科医を営むヘクターは仕事にも恋愛にも悩んでいたが、「幸せ」を求め真理を探す旅に出る。この「幸せとは何か」が本作品のテーマである。ピーター・チェルソム監督も「本作で最も伝えたいのは人には幸せになる義務があるということ。ダライ・ラマも"人には幸せになる責任がある"と言った。だから、僕はそこを最も伝えたい」とインタビューで述べているように、「幸せかどうかは、自分が決める」ということをこの作品は私たちに教えてくれる。主人公のヘクターが、行く先々で出会った様々な人々の幸せのヒントを手帳に記録しながら、波乱万丈な旅を続けていく様子を通して、「本当の幸せとは何か」を考えさせてくれるのがこの映画の最大の見所である。

【推薦の理由】

　この作品は、英国、ドイツ、カナダ、南アフリカ共和国合作で、主人公ヘクターが世界を旅するストーリーを描くために、北米、ヨーロッパ、アジア、アフリカの四大陸で撮影された。旅先で多くの人物に出会い、ヘクターが様々な「幸せ」の形に触れる。ヘクターを通して、「あなたにとって幸せとは何か」あるいは「人生で何が大切であるか」を改めて考え直すことができる点で、学習者の方々に推薦したい。

英語教育学的視点

【学習ポイント】

　この映画は主人公ヘクターが、様々な国々を旅して気づきを得ながら、「本当の幸せとは何か」を知っていく物語となっている。彼は多くの人と出会い、幸せのヒントを手帳にメモをする。この格言的なセリフの英語表現を学習できる。ここでは「幸せについてのメモ」から表現を挙げる。

1　Making comparisons can spoil your happiness.
　　（比較すると幸せは台無しになる）
2　A lot of people think happiness means being richer or more important.
　　（多くの人が、幸せとは金持ちになり、偉くなることだと思っている）
3　Many people only see happiness in their future.
　　（人は幸せを未来にしか見ない）
4　Happiness could be the freedom to love more than one woman at the same time.（幸せとは、一度に複数の女性を愛することである）
5　Sometimes happiness is not knowing the whole story.
　　（時として幸せとは、すべてを知りすぎないことである）
6　Avoiding unhappiness is not the road to happiness.
　　（不幸を避けるのが幸福への道ではない）
7　Does this person bring you predominantly A) Up or B) Down?
　　（この男は、私の気分を A. 上げる、B. 下げる？）
8　Happiness is answering your calling.
　　（幸せとは、天職に就くことである）
9　Happiness is being loved for who you are.
　　（幸せとはありのままの姿で愛されることである）
10　Sweet potato stew!
　　（サツマイモのシチュー！）
11　Fear is an impediment to happiness.

（恐怖は幸せを阻害するものである）
12　Happiness is feeling completely alive.
　　（幸せとは、心底生きている実感を味わうことである）
13　Happiness is knowing how to celebrate.
　　（幸せとは、盛大に祝うことである）
14　Listening is loving.
　　（話をきくことは、愛を示すことである）
15　Nostalgia is not what it used to be.
　　（過去は懐かしいけれど、戻らない）
すべての表現に意味があるが、ヘクターは最後の場面で、恋人のクララに電話で、"I've learned a lot about happiness."と言う。旅に出て本当に気づいたことは、「クララを失うことほど不幸なことはない」ということであった。ヘクターにとって本当に大切なことは何であったかが明らかになるシーンである。ヘクターのメモを使用して学習する方法を挙げたが、一番大切なものは、他ではなく自分の心の中にあることが実感できる。

【英語の特徴】

　主人公の精神科医ヘクターが「幸せとは何か」を求めて英国を出発して、中国からチベット、アフリカ、米国と旅に出る作品である。映画の前半と後半では英国英語の特徴がよく分かり、またロサンゼルスの場面も出てくるので米国英語との比較もできる。さらに本作では様々な外国訛りの英語が話される場面があるので、世界語（World Englishes）の観点から、様々な英語の特徴も学習できる。

【印象的なセリフ】

（1）映画の冒頭で、主人公のヘクターについて描写されている場面である。
　　Once upon a time there was a young psychiatrist called Hector who had a very satisfactory life.
　　（昔々、ヘクターという若い精神科医がいて満ち足りた人生を送っていました）

(2) 仕事や恋愛に迷ったヘクターが、「君と別れるつもりではないが」と前置きをしてクララに質問する場面である。
Do you consider yourself as a happy person?
(自分のことを幸せな人間だと思うかい?)
(3) チベットでヘクターが「幸せ探しをしてはいけないか?」と聞くと、高僧が答える場面である。
More important than what we are searching for is what we are avoiding.
(何を探すかより何を避けてるかが大事だ)
(4) 旅の終わりまでに何を学んだかを見てみたいと言っていた高僧に、ヘクターが最後にスカイプで伝える言葉である。
We all have an obligation to be happy. (人は皆、幸せになる義務がある)

【リスニング難易度】

この映画の特徴を9項目各5点満点(5「難」→1「易」)で評価している。

スピード	明瞭さ	米国訛	米国外訛	語彙	専門語	ジョーク	スラング	文法
3	3	3	4	3	3	3	3	3

■ 人間教育学的視点

【発展学習】

　先ず、この作品にはフランスの精神科医フランソワ・ルロールのベストセラー小説 *Le Voyage d'Hector ou la Recherche du bonheur* が原作としてあるので、この原作の英語版を読み進めながら、同時に映画で表現を学習する方法が挙げられる。この作品に限らず、原作のある映画では、文章を読むことでより映画の理解が高まる。また、比較することで各々の特徴も理解できる。
　次に、英語の表現力の学習のほかに、この映画では主題となっている「あなたにとって幸せとは何か」についても考察を深めることができる。映画ではヘクターが多くの国々を旅して出会う人々から、様々な考え方を学ぶ。ここでは、映

画のパンフレットにも掲載されているが、出演しているキャストに同じ質問をしてその答えをインタビュー形式で答えている部分を取り上げて、人生の考え方を比較することで考察を深めることについて述べる。サイモン・ペッグは「僕にとって"幸せ"と思えるのは、後悔の念がなくストレスもない状態かな」、ロザムンド・パイクは「"自由"よ。それこそが幸せだと思う」、ジャン・レノは「家族だね。子供たちや妻といると幸せを感じる」、ステラン・スカルスガルドは「人生に満足している状態を幸せと呼ぶのだと思う。人を羨ましがったりしていない状態のことだ」、クリストファー・プラマーは「私にとって"幸せ"というものは常に笑っていることじゃない。何かに夢中になっている状態を幸せと呼ぶんだと思う」と各々が答えている。実に様々な答えがあり「幸せ」の捉え方にも個人差があり定義されるものでもないので、その人の考え方次第であることがよく分かる。

　さらに「幸せとは何か」を考える時、ダイアーやエピクテトス、あるいはヒルティの『幸福論』等、先人の見解について改めて学習し直すこともできる。「幸せ」を考えるとは、結局、「人間の生き方」を考えることに繋がる。例えばエマソンの「人間は一日中考えている思想それ自体である」という考え等は、人間というのはその人の考えている、つまり思い描いているとおりになっていくことを意味していて、だからこそ「幸せ」についても前向きに考えていくことが大切ではないかと考察することができる。人は自分の思い考えているようになっていくという考えは次の一節にも表れている。"Truly, 'thoughts are things,' and powerful things at that, when they are mixed with definiteness of purpose, persistence, and a burning desire for their translation into riches, or other material objects." Napoleon Hill (1937: 19) これは、ナポレオン・ヒル著の *Think and Grow Rich* からの引用である。前述のエマソンと同様に、「人間はその人が考えているようになっていく」ことを説いているが、成功すると思えば成功するし、失敗すると思えば失敗するというビジネスのみならず、人生にも当てはまる法則である。「幸せかどうかは自分次第」なので、「幸せ」になるためにより前向きに生きることが大切であるという考え方に繋がる。

8. しあわせへのまわり道
Learning to Drive (2014年製作)

■ 映画の文化的・背景的視点

【あらすじ】

　ニューヨークのマンハッタンのアッパー・ウエストサイドで暮らすウェンディ（パトリシア・クラークソン）は、書評家として成功を収め、公私共に充実した生活を送っていた。ところがある日突然、21年間連れ添った夫のテッド（ジェイク・ウェバー）の浮気が発覚し、夫は彼女を捨てて浮気相手の元へと去ってしまう。母を心配してバーモントの農場から帰ってきた娘のターシャ（グレース・ガマー）からテッドが別居の法的手続きを開始したことを聞かされ、さらに夫の浮気相手は自分が好きだった女流作家であることを知って、ウェンディはひどく落ち込む。夫との復縁を願っていたウェンディだったが、現実は想像以上に厳しく、1人残され順風満帆な人生はあっけなく崩壊してしまった。

　ここで新たな問題に直面する。これまで、彼女は夫に運転を任せきりで運転免許を持っておらず、このままでは遠く離れた場所で暮らす娘にも会いに行けないことに気づいたのだった。車を運転できないという現実に直面したウェンディは、親切に忘れ物を届けに来てくれたインド人タクシー運転手ダルワーン（ベン・キングズレー）のもとで教習を受けることにする。ウェンディは運転のレッスンを受けながら彼に諭される。宗教も文化も考え方も全く異なる2人は当初は反発し合うが、ダルワーンとの出会いによってウェンディは、過去の自分にしがみつくことを次第にやめて、本当に大切なものを思い出していく。人生の再出発とはいかに。

【映画の背景】

　『しあわせへのまわり道』は、2014年に米国で製作された作品であるが、『死ぬ

までにしたい10のこと』(2003)のイザベル・コイシェ監督、『エデンより彼方に』(2002)、『エイプリルの七面鳥』(2003)のパトリシア・クラークソンが主演し、米『ニューヨーカー』誌に掲載された実話を映画化した心温まるドラマである。この映画化に関してのエピソードがとても特徴的な作品だと言える。前述の『ニューヨーカー』誌に掲載された実体験に基づくエッセイが原作となり、この記事にプロデューサーのダナ・フリードマンが着目し、脚本家のサラ・ケルノチャンがアレンジを加え脚本にして、パトリシア・クラークソンがほれ込み、イザベル・コイシェ監督とベン・キングズレーに企画を持ちかけたことで映画化が動き出した。日本でもオリジナルな脚本での映画作りで有名なコイシェ監督が、受け取ったシナリオに感銘を受けてオファーを快諾した点も印象的である。

【映画の見所】

　コイシェ監督はこの映画についてのインタビューの中で、「ちょうどその頃、私は娘の父親と離婚手続き中で、しかも運転免許証をもっていなかったの。この脚本は、私に前へ進む力を与え、運転を習う決心をさせてくれた。とても個人的なレベルで、私の心に訴えてきたの」と話しているように様々な縁を感じる作品である。主人公が人生で本当に大切なものに気づいていく過程がこの映画の魅力でもあるが、もう一方で、このようにパトリシア・クラークソンやコイシェ監督をはじめ、多くの人たちの想いを含めて9年という長い歳月をかけて映画化された点も見所の一つである。

【推薦の理由】

　この作品は、2015年公開の米国映画である。何もかも満ち足りていたニューヨークの文芸評論家のウェンディの人生は、長年連れ添った夫の浮気によって、あっけなく崩壊してしまう。行き場を失った彼女が、インド人タクシー運転手のダルワーンに運転を教えてもらうことになる。文化も考え方も異なる彼に接することで、再び自分らしさを取り戻すウェンディの姿を見て、人生について学習することを推薦する。

英語教育学的視点

【学習ポイント】

　この映画では、長年連れ添った夫が浮気をして突然いなくなり、車が運転できない現実に直面して困ったウェンディが、インド人タクシー運転手のダルワーンに運転を習うことで車の運転と共に、人生の生き方も学ぶことがテーマになっている。

　運転免許がキーワードになっているので、先ず教習に関する英語表現を学習することができる。初めてウェンディがダルワーンから教習を受ける場面より、いくつかの表現を引用する。Seat belt first. (まず、シートベルトを着用して)、First position turns on the electrical system. (先ず、電気系統をオンにして)、Next, you have three mirrors. Rear view, left, and right. (次にミラーは、三つあって後ろと左右を見て)、Turn your head, so you can see the blind spot. (振り向いて、死角を確認して)、And the left shoulder. (それから、左の方も)、Now put on your left signal. (では、左ウィンカーをつけて)、Now turn your wheel all the way to the left. (ハンドルを左いっぱいに切って)、Now the gas pedal. (アクセルを踏んで)。上記のような運転や車に関連する英語表現を学んで、実際に自分が運転する時に口頭練習してみるのもよい。

　ここでウェンディがダルワーンに向かって、We're moving. と言って驚いているが、日本と米国の免許取得に関する差異を述べる。米国の運転免許の取得方法は日本と異なり、米国内でも州ごとに交通法規が違う。例えばニューヨークの場合、一般に居住する州の DMV (Department of Motor Vehicles) で取得する。DMVへ行き、筆記試験と視力検査を受けて、筆記試験合格者には仮免を与えられ、路上試験までに約5時間の講習を受けて路上テストに合格したら免許取得となる。日本との最大の違いは、教習所に通って筆記テストを受けるのではなく、筆記テストに合格したら、いきなり路上テストになる点と、自動車学校ではなく助手席に21歳以上の免許取得者を乗せて実際に路上で、運転練習ができる点である。自動車が動き出して、ウェンディがびっくりしているのも理解できる。

さらに、運転の仕方を学ぶことと共にダルワーンがウィットに富んだ比喩表現を使うことで、それがそのまま人生の生き方の参考にもなる場面が多くある。前述の路上教習の同じ場面から引用する。**Wendy:** I really don't need to learn this. My husband drives.　**Darwan:** I never learned to cook because I thought my mother would always be there to cook for me. Then there was half a world between us, and so I make my own food. ウェンディは、まだ夫のテッドに未練があるので自分は運転を覚える必要がなく、テッドがしてくれると言う。それに対し、ダルワーンは、自分も母がいるからと料理を覚えなかったが、離れてから自分で食事を作っていると説明する。この言葉で、いつまでも、過去の自分に執着してこだわり続けるのは良くないとウェンディを諭している。

【英語の特徴】
　ダルワーンをはじめ、インド人あるいはインド系米国人の会話がこの映画では多く出てくる。その点で、ウェンディの話し方とも比較しながら、外国訛りの強い英語について学習することができる。また、突然の危機に面して平常心を失っているウェンディに、運転の教習を通して語りかけるダルワーンの言葉にはどこかインド哲学的な「救い」や「悟り」が感じられ、人生の教訓的な英語表現も聞き取れる。

【印象的なセリフ】
（１）映画の冒頭で、ダルワーンが教習をしている若者に運転は慎重にすべきだと言葉をかける場面である。
　　It's not a joke. Remember, driving is a freedom.
　　（冗談ではない。運転とは自由を手にすることだ）
（２）夫テッドの浮気を知ったウェンディが、21年も連れ添ってきたのにとタクシーの中で口論をする場面である。
　　How long have you been lying to me?
　　（いつから私に嘘をついているの？）

(3) 娘のターシャが一緒に住もうと誘うために、母親のウェンディに農場の良さを伝える場面である。

I love the air and the smells and the dirt.
（農場の空気も、においも、そして土も大好きよ）

(4) ダルワーンがタクシーの中の忘れ物をウェンディに届けて、お礼は要らないと言った時にウェンディが返す場面である。

Are you sure I can't give you something?
（本当に何も要らないの？）

(5) 教習中、突然目の前を自転車が横切り驚いたウェンディにダルワーンが言う場面である。

You can't always trust people to behave properly.
（人がいつも思った通りに行動するとは限らない）

【リスニング難易度】

この映画の特徴を9項目各5点満点(5「難」→1「易」)で評価している。

スピード	明瞭さ	米国訛	米国外訛	語彙	専門語	ジョーク	スラング	文法
3	3	3	4	3	3	3	2	3

人間教育学的視点

【発展学習】

　前述したように、この作品では英語学習のみならず、ウェンディがダルワーンから車の運転の仕方を教わりながら、人生の生き方にとっても大切なことを学ぶ場面が多くある。文化も宗教も違うダルワーンとの出会いから、ウェンディが新たな一歩を踏み出していくための人生の格言的な表現が、様々な場面で出てくる。

　第一に、運転教習中にウェンディがマナーの悪い人たちに怒っていると、ダルワーンがこう言う場面がある。You must learn to be calm and relaxed, not only to drive but in your life as well. 教習中に絡んでくるチンピラの若者や、遅いと言って彼女の車を抜かして暴言を吐いていく乱暴なドライバーに対して激怒するのではなく、運転中はカッカしやすいので、自分自身が平常心を保つことの大切さを説いていて、これは運転だけでなく普段の生活でも一緒であると言う。最初ウェンディは聞き入れない雰囲気を持っていたが、It doesn't matter what is going on in your life out there, you must shut it out. When you are here, when you are at the wheel of a car, this is all there is. Your life: right now. So take care of it.(たとえ人生で何が起こっていようとも、路上には持ち込まないで。ハンドルを握っている時は、それがすべてで、今を生きているあなたの人生だ)とダルワーンが付け加えることによって徐々に理解していく。一見、運転の話だけかと思うが、実は人生の生き方について重要な、今目の前にある一つのことに集中する大切さと人生を大切にしてほしいことをウェンディに伝えたいのである。

　第二に、縦列駐車をしている時、ウェンディが難しくてできないと言うとダルワーンは、シチューを例に Wendy, how do you know if you put in enough salt and pepper when you are making a stew? と問いかける。ウェンディが You taste it? と答えると、縦列駐車も全く同じで少しずつ味見して調節していけばよいと説明する。分かり易い表現と共に、人生も少しずつの調節が重要になってくることを学習することができる。

　第三に、ウェンディはついに路上テストに合格する。これまで支えてくれたダルワーンに次のように言う。Darwan, thank you. I'll be hearing your voice in my head for a long time.(これからも頭の中でダルワーンの声を聞くでしょう)と言うことで、本当にこれまで支えてくれてありがとうという感謝の気持ちを伝える。ダルワーンは別れを惜しむ気持ちを隠せないが、ウェンディの方が大人の対応で、ダルワーンは自分の希望だとそっと言う。一度は目標を見失ってしまった女性が、多くの「まわり道」を経て、再び自分らしさを取り戻す姿に誰もが感動する。人はいつからでも新しいことに挑戦でき、自分を信じて人生のアクセルを踏めば、しあわせにたどり着けるということをダルワーンとウェンディの生き方から学ぶことができる。

9. スター・ウォーズ / フォースの覚醒
Star Wars: the Force Awakens　　　　　　　　　（2015年製作）

■ 映画の文化的・背景的視点

【あらすじ】

　「遠い昔はるかかなたの銀河系で…」の馴染みの深いフレーズでこの物語は始まる。エンドアの戦いから約30年後、最後のジェダイの騎士ルーク・スカイウォーカーは姿を消していた。その暗黒の時代に、銀河帝国軍の残党から、新たに強力な軍事力を持つファースト・オーダーと呼ばれる組織が台頭した。このファースト・オーダーは自由な世界を脅かそうとしていた。かつて銀河の平和を守っていたジェダイの騎士たちは戦いにより滅び、今新たな戦いが、平和を守ろうとする人々を滅ぼそうとしている。ファースト・オーダーの目的は再び銀河に脅威をもたらすと同時にルークの抹殺を狙っていた。人生のすべてをかけて悪と闘ってきた、「レジスタンス」のレイア・オーガナ将軍は最大の危機に直面していた。「レジスタンス」とは、新銀河共和国の支援の下での独自の軍事組織のことである。レイアは、唯一生き残ったジェダイの騎士である、彼女の双子の兄ルーク・スカイウォーカーの力を必要としていた。レイアは、「レジスタンス」を指揮してファースト・オーダーに立ち向かうと共に、彼の行方を捜索していた。彼女は、レジスタンスのパイロット、ポー・ダメロンと彼の忠実なドロイドBB-8を惑星ジャクーに送り込んだ。そこには、古い盟友ロア・サン・テッカがいて彼こそがルークの居場所が分かる地図を持っている人物であった。果たして地図を探し出し、ルークを見つけることはできるのであろうか。

【映画の背景】

　この映画は、J・J・エイブラムスが監督兼プロデューサー、そしてエイブラムスの長年の相方ブライアン・バークと、ルーカスフィルム社長のキャスリーン・ケ

ネディが共同でプロデューサーを務めた作品である。エイブラムス監督は、1966年米国のニューヨーク生まれ、ロサンゼルス育ちで、これまでにもハリソン・フォード主演の『心の旅』(1991)で脚本、メル・ギブソン主演の『フォーエバー・ヤング』(1992)で脚本と製作総指揮を兼任、『アルマゲドン』(1998)でも共同脚本を担当した。エイブラムスは、サイエンス・フィクション、ドラマ、アクションと多くのジャンルで知られ、自身も『スター・ウォーズ』シリーズの大ファンであると述べている。

【映画の見所】

　この映画は、一連の『スター・ウォーズ』シリーズの魅力を多く受け継いでいる点が見所の一つである。もう一方で、重要な点として、ジョージ・ルーカス監督が設立した映画会社「ルーカスフィルム」を2012年10月にウォルト・ディズニー・カンパニーが、40億5,000万ドル（約3,200億円）で買収すると発表したことが挙げられる。ディズニーは『スター・ウォーズ』に関する権利も同時に取得し、新たな三部作「エピソード7・8・9」の製作を明らかにした。これによってジョージ・ルーカスは、最終的に製作現場から退いた。このような状況の中で、今回の映画では、BB-8、レイ、フィン、カイロ・レン等、新しいキャラクターはもちろんのこと、ルーク・スカイウォーカー、レイア・オーガナ、ハン・ソロが物語に再登場することも、ファンにとってはたまらなくこの映画を一層魅力的なものにしている。

【推薦の理由】

　この作品は2015年公開の米国映画で、『スター・ウォーズ／フォースの覚醒』は、全9作品からなる壮大なシリーズ映画のエピソード7にあたる作品である。『スター・ウォーズ』シリーズは、一見、タイトルのイメージから宇宙戦争やロボットを中心にした内容に思えるが、実は家族の愛や、倫理的・哲学的な問題がメインテーマになっている。人生や人間の生き方とは何かを改めて考えることができる点で推薦したい。

英語教育学的視点

【学習ポイント】

　『スター・ウォーズ』シリーズでは、"A long time ago in a galaxy far, far away…"「遠い昔はるかかなたの銀河系で…」という馴染みの深い表現で始まるが、先ずこの映画の最初にスクリーンに出てくる文字を利用して英語学習をする方法について述べる。スクリーンに出てくる文字を以下に引用する。THE FORCE AWAKENS: Luke Skywalker has vanished. In his absence, the sinister FIRST ORDER has risen from the ashes of the Empire and will not rest until Skywalker, the last Jedi, has been destroyed. With the support of the REPUBLIC, General Leia Organa leads a brave RESISTANCE. She is desperate to find her brother Luke and gain his help in restoring peace and justice to the galaxy. Leia has sent her most daring pilot on a secret mission to Jakku, where an old ally has discovered a clue to Luke's whereabouts… この部分を活用した学習方法として、第一にリーディング教材として配布することができる。『スター・ウォーズ』は、全9作品からなる壮大なシリーズであるが、学習者のすべてがこの映画を観ているわけではないので、内容理解が困難になる場合がある。実は、筆者も「あらすじ」を執筆する時に上記の部分を参考にしたのであるが、この部分を読み進めることでたとえ他の『スター・ウォーズ』の作品を観ていなくても内容が分かり、またsummary的にこの部分を学習することができる。

　第二に、映像の文字を見ながらナレーション的に自分で発音する方法がある。実際の映像ではこの部分は長い文章ではなくて読み易くするために、一行が5～7単語位で構成されている。これを利用して文字を見ながら自分で発音する学習に役立つのである。

　第三に、この映像を見ながらノートに書き写していく方法も試みることができる。自分が発音したものをコンピュータ上で音声ファイルにして、ディクテーションの練習もできる。すべての『スター・ウォーズ』シリーズがこの始まり方をしているので、この学習方法が適用できる。

登場人物のセリフから一般的な英語表現についても学習できるが、そのほかに「英語の特徴」でも述べるが『スター・ウォーズ』ならではのロボット的な話し方や、キャラクターによって少しずつ異なる表現がこの映画では出てくる。例えば C-3PO がハン・ソロに、"Goodness! Han Solo! It is I, C-3PO. You probably don't recognize me because of the red arm. Look who it is, did you see who… Excuse me, Prin… General. Sorry. Come along BB-8, quickly. Yes, I must get my proper arm reinstalled." と話す場面や、キャプテン・ファズマと FN-2187（フィン）との会話 "Yes, Captain."、"And who gave you permission to remove that helmet?"、"I'm sorry, Captain."、"Report to my division at once." 等を比較することによってキャラクターごとの特徴のある英語について学ぶこともできる。

【英語の特徴】

前述したように、『スター・ウォーズ』ならではのロボット的な話し方、例えば C-3PO の "It is I, C-3PO." 「私、C-3PO です」やキャプテン・ファズマの "Submit your blaster for inspection." 「ブラスターを点検に出せ」等が出てくる。また、ミレニアム・ファルコン号でレイの "I bypassed the compressor." 「コンプレッサーを迂回させた」のように、場面によっては機械に関する専門的な語彙が使用されていることも特徴的である。

【印象的なセリフ】

（1）映画の冒頭で、ロア・サン・テッカがポー・ダメロンに言う場面である。
　　　Without the Jedi, there can be no balance in the Force.
　　　（ジェダイなくしては、フォースの均衡は保たれない）
（2）ストームトルーパーのフィンに助けられたポー・ダメロンが「なぜだ？」と尋ねた時、フィンが答えたセリフである。
　　　Because it's the right thing to do.
　　　（なぜって、正しいことだろ）
（3）ハン・ソロがレイとフィンにミレニアム・ファルコン号で説明する場面である。

The Force. The Jedi. All of it. It's all true.
（フォースも。ジェダイも。何もかも。すべて真実だ）

（4）ソロがルークでもカイロ・レンの心を動かすことができなくて自分がどうすればいいのかと悩む時にレイアが言う言葉である。

Luke is a Jedi, you're his father.
（ルークはジェダイよ、あなたは彼の父親じゃない）

（5）レイアがルークを探しに出発しようとするレイに向かって述べる場面である。

May the force be with you.
（フォースと共にあれ）

【リスニング難易度】

この映画の特徴を9項目各5点満点（5「難」→1「易」）で評価している。

スピード	明瞭さ	米国訛	米国外訛	語彙	専門語	ジョーク	スラング	文法
3	3	3	3	4	3	3	2	3

🔖 人間教育学的視点

【発展学習】

　この作品では英語学習のみならず、人生の生き方にとって大切な格言的表現が、様々な場面で出てくる。第一に、フィンがレイに "I'm not who you think I am." と自分が嘘をついていたことを告白する場面がある。I'm not Resistance. I'm not a hero. I'm a Stormtrooper. Like all of them, I was taken from a family I'll never know. And raised to do one thing. But my first battle, I made a choice. I wasn't gonna kill for them. So I ran. Right into you. And you looked at me like no one ever had. I was ashamed of what I was. But I'm done with the First Order. I'm never going back. 最初フィンはレイに、レジスタンスの一員であると嘘をついていて、本当は自分が、ストーム・トルーパーであることを告白する。幼い頃に連れ去られ、ファースト・オーダーのために殺しだけを仕込まれたが、最初の戦闘

で罪のない人を殺すことはやめようと決意した。そして、逃げだした先でレイに会ったことを話した。レイの純粋な目や考え方に接して、自分がいかに恥ずかしかったかと反省して、レイに真実を述べた。フィンは、人生は嘘をつかず道理に沿って生きるべきであることに気づく。

　第二に、マズ・カナタがレイに、"You already know the truth." と言ってアドバイスをする場面である。The belonging you seek is not behind you, it is ahead. I am no Jedi, but I know the Force. It moves through and surrounds every living thing. Close your eyes. Feel it. The Light... It's always been there. It will guide you. The saber. Take it. マズ・カナタは、レイの目を見て彼女が真実に気づいていることを確信してアドバイスをする。レイが本当に探している人は、過去ではなく未来であることを伝え、レイ自らが「ルーク」だと答えると、フォースが生きるものすべてに流れ取り囲んでいることを伝え、光がレイを導いてくれると述べる。フォースの力を信じ自然の流れに身を任せて行動に移すという点で、日本仏教の禅的な考え方にも通じるところがある。

　第三に、ハン・ソロとレイアが、息子のカイロ・レンを連れ戻したいと会話をしている場面がある。ハン・ソロが、"If Luke couldn't reach him, how could I?" とルークでさえ救えなかったのにどうやって自分が救えるのかと弱気になっているとレイアが、"Luke is a Jedi. You're his father." と答える。ルークは勇敢なジェダイの騎士であるが、ハン・ソロは彼の父親で、息子を救うことができるのはあなたしかいないということをしっかり伝え、励ます。ハン・ソロは、カイロ・レンを命がけで救うことを決意するが、残念ながらダークサイドに支配された息子カイロ・レンに殺されてしまう。ここでは親が子を思う家族愛がとても強く表れている。

　この映画では、平和や親子関係や愛等、人生の哲学的課題が主題になっている。その意味で発展学習では上記のような倫理的・哲学的テーマになっている場面をいくつか取り上げて人生そのものについて学ぶこともできる。

10. ゴーストバスターズ
Ghostbusters （2016年製作）

▌映画の文化的・背景的視点

【あらすじ】
　舞台は、ニューヨーク。素粒子物理学博士のエリン・ギルバート（クリステン・ウィグ）はコロンビア大学で教鞭をとっていて、大学での終身雇用の審査を控え日々研究を重ねていた。しかし、ある日、かつて旧友のアビー・イェーツ（メリッサ・マッカーシー）と共に自分が科学的根拠のない幽霊の実在を主張する本を書いていたことが明るみに出てしまった。また、成り行きで、アビーと共にゴースト調査を行ったことで研究費を打ち切られ、大学を一方的に解雇されてしまう。
　一方のアビーもヒギンズ理科工科大学の研究室で古くからの相棒ジリアン・ホルツマン（ケイト・マッキノン）と超常現象を研究していたが、今回のゴースト調査の一件で、大学の名誉に関わるという理由でホルツマンと共に研究室から追い出されてしまう。大学での居場所を失ったエリンは同じく居場所を失ったアビーと再集結し、自らの知識と技術力を生かすためにある計画を打ち立てた。それは、街を襲う幽霊を自分たちの手で退治するというものだった。エリンはアビーとホルツマン、そして、イケメン青年のケヴィン（クリス・ヘムズワース）を受付係として雇い、幽霊退治専門会社「ゴーストバスターズ」を起業した。さらに、ニューヨークのことを熟知している最初の調査依頼人でもあった地下鉄職員のパティ・トラン（レスリー・ジョーンズ）も仲間に加え、幽霊退治に乗り出す出動を待つ。4人の女性のバスターズとニューヨークの街の運命はいかに。

【映画の背景】
　この映画『ゴーストバスターズ』は、2016年の米国の超常現象をテーマにしたコメディ作品である。1984年の世界的に大ヒットした映画『ゴーストバスター

ズ』の製作・監督を務めたアイヴァン・ライトマンと脚本・出演者であったダン・エイクロイドがそれぞれ今回は製作と製作総指揮として参加し、ポール・フェイグが今作の監督として起用された。

さらに、映画『ゴーストバスターズ』と言えば、レイ・パーカー・Jr. の主題歌が有名であるが、今回時を超えて、本作の主題歌はペンタトニックスや、フォール・アウト・ボーイ feat. ミッシー・エリオットら現在の人気アーティストによってカバーされているので、この点にも注目して本作品を観ることも映画の背景を知ることに繋がる。

【映画の見所】

　この作品は、前作のリブート版で、個性豊かな理系女子たちが今回のバスターズを務めている。リブート作品とは、以前に製作された映画を参考にして作り直されたリメイク作品とは異なり、同じ原作を基本に、以前に製作された映画を全く異なる視点で作り直した作品のことを言う。その意味で、今作品もニューヨークの街中に出現するゴーストを退治していくというコンセプトを保ちつつ、前作では男性陣がバスターズを演じていたのを、今回は新しい視点で、個性的な4人の女性のバスターズを主人公に物語が展開していく点が見所の一つと言える。また、事務所の受付兼秘書役のクリス・ヘムズワース演じる天然キャラクターのケヴィンの存在も、より4人のバスターズを引き立てるのに効果的である。

【推薦の理由】

　この作品は、2016年公開の米国映画で、1984年に世界的に大ヒットした伝説的な映画『ゴーストバスターズ』のリブート作品である。今回は、前回の男性陣のバスターズに代わって、理系女子を中心とした4人の女性のバスターズが主人公となっている点が特徴である。物理学者、超常現象研究家、発明家そして地下鉄職員と個性的な4人のキャラクターの絶妙なコラボレーションを見て学習することを推薦する。

英語教育学的視点

【学習ポイント】

　この映画は、最初にニューヨークのオルドリッジ邸宅をガイドする場面から始まるが、先ず、このガイドの英語について学習することで何かを人に英語で説明する練習ができる。So, the Aldridge Mansion is the only 19th century home in New York City preserved both inside and out. At the time of its construction, it was one of the most elegant homes in existence, featuring every luxury, including a face bidet and anti-Irish security fence. Over here, you can imagine Sir Aldridge entertaining his wealthy guests. It's said that, in this very room, P. T. Barnum first had the idea to enslave elephants. 最初の場面では、ガイドがオルドリッジ邸について、ニューヨークに現存する19世紀の唯一の邸宅であり、建築当時は最も洗練された建物で、顔面ビデやアイルランド人除けのフェンスもあるということを説明している。さらに、オルドリッジ卿が来客をもてなした場所を案内し、そこで興行師が象の曲芸を思いついたことを話す。大学生や社会人の学習者が最終的には自己表現をして英語のコミュニケーションをとることは大切であるが、その前段階としてガイドの表現等をインプットすることで、実際の場面の参考例になる。暗記して、場面と共にセリフを再現してみるとよい学習に繋がる。

　次に、エリンとフィルモア教授の会話を紹介する。フィルモア教授が彼女の推薦書について言及する。**Filmore:** We're set for the final review of your tenure case on Thursday.　**Erin:** Great.　**Filmore:** But I saw that you had a recommendation letter from Dr. Branum at Princeton. Their science department is really not what it used to be. And I would consider getting a referral from a more prestigious college.　**Erin:** More prestigious than Princeton?　**Filmore:** Yes. You see, I think you're an asset to modern physics, but I would hate to see you throw it down the drain. フィルモア教授はプリンストン大学の教授の推薦状について批判して、エリンにもっと高名な大学の推薦をもらうように言う。さらに、エリンが物理学界に於いて貴重な人材なので、その能力をドブに捨てないようにと忠告もする。こ

の会話から、英語表現と共に、大学生が現在学んでいる大学界について本音ではどう感じているのか知ることができる。即ち、大学の世界では研究能力はもちろんのこと、その他にも学閥や様々な人間関係が関わることがよく分かる。

さらに、この映画では理系の専門的な用語も学習することができる。アビーとホルツマンとエリンの少しの会話だけでも、She also happens to specialize in experimental particle physics.（素粒子物理学の研究が専門）や、We're incredibly close on the hollow laser for the reverse tractor beam.（捕獲ビームのホロー・レーザーが完成間近だ）と普段馴染みのないフレーズが多く出てくるが、映画の中で説明もあるので、理系英語も学習できる。

【英語の特徴】

　大都会ニューヨークを舞台に展開された作品で、物語はテンポよくスピーディに進行するので、場面によってはリスニングが少し難しいと感じられる場合もある。しかし、明瞭に話されているので学習には最適である。また、理系女子が話す英語の中には時折、研究的な専門用語も出てくるが、パティ役のレスリー・ジョーンズが、科学者ではない視点で場面の中で質問も含めて演じているので、比較的理解しやすい。

【印象的なセリフ】
（１）映画の冒頭で、ニューヨークのオルドリッジ邸でガイドがこの邸宅について奇妙な話をする場面である。
　　　Now I'm gonna tell you something a little spooky.
　　　（ここで、気味の悪いお話をしましょう）
（２）物理学博士のエリンが過去の著作物について尋ねられた時に、最初自分が著者ではないと隠そうとする場面である。
　　　No self-respecting scientist believes in the paranormal. I can assure you that. I'm sorry. You're looking for a different Erin Gilbert.
　　　（超常現象を信じるのは、誇りのない科学者よ。保障するわ。残念だけど人

違いだわ）
（3）オルドリッジ邸で、アビーとエリンとホルツマンが本物のゴーストに遭遇して、エリンが言う場面である。

I believe in ghosts 'cause I just saw one! They're real!
（私は見たから幽霊はいるのよ。本当にいるのよ）

（4）アビーとホルツマンもエリンと同様に大学を辞めさせられた時、エリンが熱く語る場面である。

We can become the first scientists to prove the existence of the paranormal.
（私たちは霊体の存在を証明する最初の科学者になれるわ）

【リスニング難易度】

この映画の特徴を9項目各5点満点（5「難」→1「易」）で評価している。

スピード	明瞭さ	米国訛	米国外訛	語彙	専門語	ジョーク	スラング	文法
4	3	3	2	3	4	3	2	3

■ 人間教育学的視点

【発展学習】

　この作品では、語学学習のみならず、彼女たちの行動から、人生の生き方にとって大切なことが様々な場面で出てくる。

　第一に、エリンとアビーの行動について言及する。エリンとアビーは元々高校時代からの同級生で、同じ方向性で疑問に思った超常現象について真摯に研究していた仲間だった。ゴーストについて共同出版もしたほどの仲であるが、エリンは安定を求めて大学での終身雇用の身分を得るためゴースト研究を黒い歴史と切り捨ててしまう。例えば、『過去からのゴースト』の共同著者であると言われた際も、最初は人違いだと嘘をつく。そして本に写真まで載っていることを指摘されたので、自分であることを認めるが、It's very long time ago and it was just a gag between a couple of friends. と言って、友達とギャグで書いたと嘘を突き

通そうとする。それに対して、旧友のアビーの方はエリンがインターネットで検索した時に出てきた情報によって、Abigail continues her passion for the study of the paranormal at the Kenneth P. Higgins Institute of Science. と、自分の意志に忠実に超常現象の研究をヒギンズ理科工科大学で続けていることが分かる。結局エリンは、アビーと共にゴースト調査を行ったことで終身雇用されるどころか大学を一方的に解雇されてしまうが、エリンは人生にとって一番大切なことは自分に嘘をつくことではなく、本当に自分のしたいことに邁進することだと悟り、アビーと共に進むことを決める。自分に偽りのない人生がいかに大切なのかを学ぶことができる。

　第二に、4人の協力のおかげでニューヨークのゴーストを無事に退治した後の場面を取り挙げる。優秀で誠実な研究家のホルツマンがアビー、エリン、パティに乾杯しようと次のように述べる。Physics is the study of the movement of bodies in space and it can unlock the mysteries of the universe. But it cannot answer the essential question of what is our purpose here. And, to me, the purpose of life is to love. And to love is what you have shown me. I didn't think that I would ever really have a friend until I met Abby and then I feel like I have a family of my own. And I love you. Thank you. つまり、物理学は物体の動きを研究したり、宇宙の謎を解明したりするけれど、人生の目的は明らかにしてくれないとホルツマンは言う。自分にとって人生の目的は「愛である」と断言し、その愛はみんなから教えてもらったと感謝する。アビーは自分にとって初めての友人で今は家族も同然であることも述べて全員に「愛している」と乾杯する。いつも冷静で研究に真摯なホルツマンが述べた表現で、人生にとって「人間愛」の大切さがよく分かり、人にどれだけ支えられているかということを学ぶことができる。

11. コンカッション
Concussion (2015年製作)

▌ 映画の文化的・背景的視点

【あらすじ】

　本作品は、事実を基に製作された2015年の米国のスポーツ、伝記、ドラマ映画である。ウィル・スミスがベネット・オマル医師役、ググ・ンバータ=ローがオマル医師の妻プリマ・ムティソ役、アレック・ボールドウィンがジュリアン・ベイルズ医師役、デヴィッド・モースがNFL選手のマイク・ウェブスター役を演じている。

　私たちの脳は意外と脆く、頭蓋骨の中の液体に浮いているという状態だけなので、外部からの衝撃で震盪(しんとう)（concussion）を起こす可能性がある。これは一時的な症状で、回復したと思われても、アメリカンフットボールをはじめとして身体接触の激しいスポーツで何度も衝突を繰り返すと、慢性外傷性脳症（CTE：chronic traumatic encephalopathy）に至る場合がある。大きな夢を抱いてナイジェリアから米国へ渡ったベネット・オマルは、真面目で誠実な医師である。検死官でもある彼は、2002年にアメリカンフットボールのリーグ、NFL（ナショナル・フットボール・リーグ）を引退した元ピッツバーグ・スティーラーズの看板選手、マイク・ウェブスターの変死解剖を担当した。その結果、マイクの死が頭部への激しいタックルが原因で引き起こされる脳の病気CTEであることを発見し、論文を発表する。しかし、国民的スポーツにメスを入れたオマル医師の見解をNFLは全否定し、オマル医師とその周りに圧力をかけていく。真実を求めた戦いが始まる。

【映画の背景】

　この作品は何と言っても事実を基にしたものであり、ナイジェリア人医師とNFLによる医療をテーマにしたバトル映画である。そして、映画『ALI　アリ』(2001)、『幸せのちから』(2006)等で主演した実力派俳優ウィル・スミスが引退

したアメリカンフットボール選手の死とアメフトの因果関係を発見する実在の医師を熱演し、第73回ゴールデン・グローブ賞で最優秀主演男優賞（ドラマ部門）の候補となった作品である。監督は『パークランド　ケネディ暗殺、真実の4日間』(2013)のピーター・ランデズマンで、『オデッセイ』(2015)や『ブレードランナー』(1982)のリドリー・スコットが製作を担当した。ただ真実を伝えるだけのことがどれほどまでに難しいことなのか、また、真実を隠蔽してまで守るべきものとは何なのかといったことが根本のテーマにある。

【映画の見所】

　タイトルにもなっている題名のコンカッション（CONCUSSION）は英語で「震盪」を意味する言葉で、物語の中で、アメフト選手たちがタックルによって受ける脳震盪が取り上げられている。オマル医師も言っているように、初心に戻って純粋に真実を語ることの大切さを唱えている点がこの映画の最大の見所である。元々純粋なスポーツではあるが、巨大なビジネスと結びつくことで本来の目的が失われてしまう。NFLは一大ビジネスの中で、自分たちのスポーツが健康を害することにつながることをどうしても認めようとしないが、実直なオマル医師の生き方が徐々に世間を動かしていくところは注目に値する。また、オマル医師の検死の場面で、敬意を持って仕事する態度もこの映画のもう一つの見所である。

【推薦の理由】

　先ず、オマル医師の仕事に対する態度がお薦めの理由として挙げられる。検死のシーンでは、遺体に話しかけて敬意を払ってから行う。次に、オマル医師が徹底的にNFLに対抗して自分の信念を貫く点を挙げる。NFLはビジネスのためオマル医師の見解をどうしても避けようと全力で圧力をかけて彼を潰しにかかる。電話で恐喝しFBIを使って彼を辞職に追い込み、妻のムティソを尾行して、とんでもない行動に出る。それでも、最終的にオマル医師の信念は世の中に伝わる。このような職業観や人生観を大学生や社会人の方に理解していただきたいのが推薦の理由である。

英語教育学的視点

【学習ポイント】

　この映画では、主人公のオマル医師がナイジェリア出身であることから、米国英語や英国英語ではない、世界語 (World Englishes) の観点から世界には様々な英語が存在することを大学生や社会人が再発見して学習することができる。また、医学英語やスポーツに関する英語、そしてメディアに関する英語も学習することができる。もちろん、映画のセリフからも口語英語の表現を学習できるが、ここでは新聞記事の文語英語の学習について述べる。以下は、ニューヨーク・タイムズ紙で取り上げられている記事が語られる場面である。Omalu's gone to the press now. Listen to this. "After examining the remains of former National Football League player Andre Waters, a neuropathologist in Pittsburgh, Dr. Bennet Omalu, is claiming that Mr. Waters had sustained brain damage from playing football, and he says that led to his depression and ultimate death." It gets worse. "Dr. Julian Bailes, medical director for the Center for the Study of Retired Athletes and the chairman of the Department of Neurosurgery of West Virginia University, said, 'Unfortunately, I'm not shocked.'" これは、スポーツ欄でもなく、科学欄でもなく、ニューヨーク・タイムズ紙の一面に掲載された文章であるとNFL側が慌てている場面であるが、ここではニュース記事の文語英語の表現について学習できる。

【英語の特徴】

　主人公のオマル医師はアフリカのナイジェリア出身で、少し訛りのある英語を話す。しかし、自分の意志と信念を貫く役なので誠実にはっきりと話すため、会話スピードも適していて発音も明瞭である。また、この作品では医学英語がよく使用されている。最初の裁判所の場面を例に挙げると、オマル医師のこれまでの経歴について尋ねられた時、自分のことを答える場面がある。Yes. From the University of Nigeria. At Enugu, Nigeria. And I did my residency at

Columbia University Medical School in New York. I also have master's degrees in Public Health and Epidemiology. In addition, I am a certified physician executive with a specialty in Emergency Medicine. And, of course, I'm board-certified in Forensic Pathology, Clinical Pathology and Anatomic Pathology. My focus is Neuropathology, the examination of the brain. この短い場面だけでも、a medical degree（医学博士）、residency（研修医）、Public Health（公衆衛生）、Epidemiology（疫学）、a certified physician executive with a specialty in Emergency Medicine（救急医療専門医指導医の資格）、Forensic Pathology（法医学）、Clinical Pathology（臨床病理学）、Anatomic Pathology（解剖病理学）、Neuropathology（神経病理学）等、医学英語を学習することができる。さらに、スポーツやメディアに関する英語が出てくるのもこの映画の特徴である。

【印象的なセリフ】
（1） マイク・ウェブスターが冒頭の演説で述べる場面である。
　　　And all we have to do is finish the game. If we finish, we win.
　　　（そして私たちに課せられていたのはベストを尽くすことです。ベストを尽くせば、勝つということです）
（2） オマル医師が法廷で尋ねられて答える場面である。
　　　My specialty is the science of death. I think more about why people die than I do the way people live.
　　　（私の専門は死の科学です。人の生き方よりなぜ人は死ぬかを考えています）
（3） 上司から仕事が遅すぎることを注意されてオマル医師が答える場面である。
　　　I am a doctor. The dead are my patients. I treat them with respect.
　　　（私は医師です。遺体は患者です。私は敬意を払いたいのです）
（4） ベイルズ医師がオマル医師に言うセリフである。
　　　God is number one and football is number two.
　　　（神は1番でフットボールは2番） *本音では信仰よりフットボールが大切
（5） 妻のムティソがオマルを励ますために述べる場面である。

Your name, it means, "If you know, you must come forth and speak."
（あなたの名前が意味するのは「知識を持ってそれを示すこと」なのよ）

【リスニング難易度】

この映画の特徴を9項目各5点満点（5「難」→1「易」）で評価している。

スピード	明瞭さ	米国訛	米国外訛	語彙	専門語	ジョーク	スラング	文法
3	3	3	4	4	4	3	3	3

■ 人間教育学的視点

【発展学習】

　この映画では主人公のオマル医師が、純粋に真実を語ることの大切さを唱えている点が最も大切な部分である。ここでは、ムティソとの会話を取り上げて人生の分岐点に立つ主人公の様子や態度、行動を通して、大学生や社会人が意思決定する時に再考してもらいたい。以下は、オマル医師が努力をしてもなかなか報われないことをムティソに話した時に、彼女が励まして話しかける場面である。If you don't speak for the dead, who will? You are of the Igbo tribe, Bennet. When you have truth, the thing you are told you cannot do is the thing you must do. Embrace that and nothing created by man can bring you down. オマル医師にどんなに障害があっても、真実ならば世の中に伝えることの大切さを述べて、それができるのはオマル医師だと言う。

　次に以下は、NFLの脳震盪会議でオマル医師が演説する最後の場面である。But when a man is a football player, he knows he may break his arm or his leg. He does not know that he can lose his mind, his family, his money, his life. They have to know. これまで、NFLはビジネスのためになかなかオマル医師の見解を認めようとしなかったが、最後に世の中に伝わったのである。オマル医師の行動を通して、社会に対して時には立ち向かっていくことの重要性を発展学習として考えてもらいたい。

さらに、前述したようにオマル医師は真実を伝えたかったのである。しかし、この「真実を伝える」ことが時にどれだけ難しいことかがこの映画では理解できる。人間は誰しも、生きていくうえで自分の信念に従って正義を貫きたいという気持ちを持っている。しかし、真実を隠してまでも NFL が守りたかったものが何であったのか、それを考察することも発展学習の一環として行うこともできる。本作に関連して驚くべき点は、2011 年に 5000 人近い元 NFL 選手たちがリーグを相手に、事実隠蔽に対する集団訴訟を起こしたことである。また、ベネット・オマル医師が正式に米国国民となった 2015 年に、集団訴訟の和解が成立したものの、根本的な解決はしておらず、NFL に対して改めてこの映画を通して問題点を叩き付けた状況になっているということである。米国に於いて元々は純粋なスポーツがプロスポーツとなり、巨大ビジネスの対象になることで、真実が隠蔽されるという社会的な問題が含まれることがこの映画を通して良く分かる。ビジネスのために、オマル医師は潰されようとしたが、発展学習としては、NFL 側とオマル医師側に分かれて、ディスカッション及びディベートを行うことを提案したい。それぞれの立場で、自分たちの意見をサポートしていく根拠となる資料を集めて、それを基に主張していく練習をおこなうことで、グローバル時代に於いて主体的に意見を主張することを学ぶことができ、また、自分の本来の気持ちとは反対の側をサポートすることにより、さらに本当の自分の意見にも気づくことが可能である。例えば、大石 (2006: 50) では、「fMRI, PET などの新しい脳機能イメージング法が開発され、その技術が人間の認知的メカニズムの客観的観察法として、脳神経科学の分野だけでなく心理学、言語学の面でも脚光を浴びてきている。」と第二言語習得に関して述べられている。高次脳機能測定装置が開発されたことによって、人の脳機能への関心はより高まってきたというような論考を根拠にして、脳神経学の科学的な結果等を調べて、自分の意見をサポートすることもできる。「正義」も立場と見方によって変わってくるという多様な考えの理解と共に、本来の人間的な生き方とは何かをこの発展学習を通して再考察することができる。

12. ローグ・ワン / スター・ウォーズ・ストーリー
Rogue One: A Star Wars Story （2016年製作）

■ 映画の文化的・背景的視点

【あらすじ】

　宇宙を支配している銀河帝国には、強力で宇宙要塞でもある「デス・スター」と呼ばれる最終兵器があった。この映画は、物語の時系列的には『スター・ウォーズ エピソード4/新たなる希望』(1977)の直前の時代に当たり、同作の冒頭でも述べられた銀河帝国軍の初代デス・スターの設計図を強奪する任務を遂行した反乱同盟軍の活躍が、描かれている作品となっている。つまり、映画『ローグ・ワン/スター・ウォーズ・ストーリー』は、壮大な『スター・ウォーズ』シリーズの本編ストーリーを補完するスピンオフ映画の作品である。

　このデス・スターの設計図を、銀河帝国に対抗する反乱軍の「ローグ・ワン」という組織が盗み出そうとしていた。ジン・アーソは、この名もなき戦士たちによる極秘チーム「ローグ・ワン」に新しく加わった女性戦士だった。戦闘スキルを持った彼女は裏社会に精通し、個性的な仲間たちと共に不可能なミッションに立ち向かうのだった。ジンには、幼い頃に遠く離れてしまった父親がいた。その父親こそ有名な科学者ゲイレン・アーソであり、なんと彼がデス・スターに関する重大な鍵を握っていたのであった。映画『スター・ウォーズ エピソード4/新たなる希望』の冒頭で、レイア姫がR2-D2に託したデス・スターの設計図はいかに入手されたのか。圧倒的なスケールのアクションと友情を超えたチームの絆によって、宇宙の命運はローグ・ワンに託される。

【映画の背景】

　本作品は、前述したように『スター・ウォーズ』の本編ストーリーを補完するスピンオフ映画となっている。つまり、映画『ローグ・ワン/スター・ウォーズ・ス

トーリー』は「アンソロジー・フィルム (Anthology films)」というスピンオフ映画群の第一作目でもあり、このアンソロジー・シリーズは2018年6月に公開された第二作目に続き、2020年に第三作目が公開される予定になっている。ちなみに、2018年公開の第二作目はハン・ソロの若き姿を描いた映画になっている。

　この映画を理解するために、これまでの『スター・ウォーズ』シリーズの時系列がどの順になっているかを以下に示す。①『スター・ウォーズ エピソード1／ファントム・メナス』(1999)、②『スター・ウォーズ エピソード2／クローンの攻撃』(2002)、③『スター・ウォーズ エピソード3／シスの復讐』(2005)、④スピンオフ映画『ハン・ソロ／スター・ウォーズ・ストーリー』(2018)、⑤スピンオフ映画『ローグ・ワン／スター・ウォーズ・ストーリー』(2016)、⑥『スター・ウォーズ エピソード4／新たなる希望』(1977)、⑦『スター・ウォーズ エピソード5／帝国の逆襲』(1980)、⑧『スター・ウォーズ エピソード6／ジェダイの帰還』(1983)、⑨『スター・ウォーズ エピソード7／フォースの覚醒』(2015)、⑩『スター・ウォーズ エピソード8／最後のジェダイ』(2017)、⑪『スター・ウォーズ エピソード9／スカイウォーカーの夜明け』(2019)。このような壮大な『スター・ウォーズ』シリーズの中で本作品の位置づけを捉えるとより分かりやすくなる。

【映画の見所】

　映画『ローグ・ワン』は、『スター・ウォーズ』第一作目『スター・ウォーズ エピソード4／新たなる希望』より少し前のストーリーを描く物語である。つまり、時系列上では『スター・ウォーズ』の初代三部作シリーズに繋がる過去のものということになる。

【推薦の理由】

　たとえ本編ストーリーを観ていなくてもアクションのスケールに圧倒されて、K-2SOを代表とするドロイドの活躍や反乱者たちの絆の深さに感動して楽しむことができる。不可能と思われるミッションを成功させるためのローグ・ワンのチームワークに触れて、観る者を魅了する。

英語教育学的視点

【学習ポイント】

　第一に、映画のセリフから学習について述べる。前述した帝国軍のクレニック長官とゲイレン・アーソの会話は以下のように続く。**Galen:** Since Lyra died, yes. **Krennic:** Oh, my condolences. Search the house. **Galen:** What is it you want? **Krennic:** The work has stalled. I need you to come back. この会話の中でも、My condolences.(お悔み申し上げます)や、What is it you want? や I need you to come back. 等、日常英会話の表現が分かる。

　第二に、場面によっては機械や専門的な英語表現を学ぶことができる。**K-2SO:** I'm K-2SO. I'm a reprogrammed imperial droid. **Jyn:** I remember you. **K-2SO:** I see the Council is sending you with us to Jedha. **Jyn:** Apparently so. **K-2SO:** That is a bad idea. I think so, and so does Cassian. What do I know? My specialty is just strategic analysis. 上記のジンとK-2SOの会話の中で、reprogrammed imperial droid(再生された帝国軍のドロイド)、the Council(評議会)、specialty(専門)、strategic analysis(戦略分析)のような専門的な英語表現が学べ、もう一方で、"That is a bad idea. I think so, and so does Cassian." は一見、分析しているように思えるが、K-2SOがぽろっと話したことによって、ジンが状況を考察することにつながった点を考えると、人間味を感じる表現だと興味深く学習できる。

【英語の特徴】

　主人公のジン・アーソを中心に、登場人物の会話のスピードは適度であり、発音も明瞭で比較的聞き取りやすい英語表現が多い。英語の特徴として、以下の4点を述べる。

　第一に、冒頭の帝国軍のクレニック長官とゲイレン・アーソの会話、**Krennic:** You're a hard man to find, Galen. But farming. Really? Man of your talents? **Galen:** It's a peaceful life. **Krennic:** It's lonely, I imagine. からも分かるように

映像から視覚的に分かる場面では、比較的日常的な短い英語表現が使用されている。

　第二に、『スター・ウォーズ』作品ならではの機械や戦闘や宇宙に関するような場面では、第一の特徴と正反対に難解で専門的な英語で表現されているという特徴がある。例えば反乱同盟軍司令部での場面で "Possession of unsanctioned weapons. Forgery of Imperial documents. Aggravated assault. Escape from custody. Resisting arrest."（銃器の不法所持、帝国公文書の偽造、加重暴行、脱走、逮捕への抵抗）とほんの数秒の場面でも専門的な用語が使用されている。

　第三に、他のシリーズでは C-3PO がそうだったように、『ローグ・ワン』では、K-2SO が "Please do not resist."（抵抗しないで）と機械的な英語を話しているが、もう一方で機械なのに人間的にあたたかく話す場面もあるのが特徴である。未来の A.I. のあり方の参考にもなる。

　第四に、"May the force be with us." に代表されるような、人間の生き方につながる英語表現が多いという特徴もある。

【印象的なセリフ】

（1）俳優が話すセリフではないが、映画の冒頭で出てくる『スター・ウォーズ』シリーズでは欠かせない表現である。
　　A long time ago in a galaxy far, far away...
　　（遠い昔、遥かかなたの銀河系で…）
（2）敵が迫って来た時に、ソウがライラに言う場面である。
　　You know what to do.（やれることをやれ）
（3）父親のゲイレン・アーソが娘のジンに述べる場面である。
　　Remember. Whatever I do, I do it to protect you.
　　（覚えておきなさい。私がすることはすべておまえを守るためだ）
（4）母親のライラがジンにこう言う。
　　Trust the Force.（フォースの力を信じて）
（5）K-2SO がジンに初めて会った時に述べる場面である。

Congratulations. You are being rescued.（おめでとう。助けに来ました）
（6）チアルート・イムウェがジンに説明する場面である。
The Force moves darkly near a creature that's about to kill.
（殺意を抱く者は、闇のフォースを纏うんだ）
（7）ジン・アーソがローグ・ワンの皆に言う場面で、有名な表現である。
May the Force be with us.（フォースと共にあらんことを）

【リスニング難易度】

この映画の特徴を9項目各5点満点（5「難」→1「易」）で評価している。

スピード	明瞭さ	米国訛	米国外訛	語彙	専門語	ジョーク	スラング	文法
3	3	3	4	3	4	3	3	3

■ 人間教育学的視点

【発展学習】

　第一に、スピンオフ映画であるので、本編には必ずあるオープニング・クロールは存在しない。しかし、映画『ローグ・ワン』のパンフレットには "It is a period of civil war. Rebel spaceships, striking from a hidden base, have won their victory against the evil Galactic Empire." から始まる映画『スター・ウォーズ エピソード4／新たなる希望』のオープニング・クロールが掲載されている。このオープニング・クロールを、リーディングや書き取りの学習に利用することができる。実は、全文を読めばここに書かれた出来事をさらに詳細に発展させたのが映画『ローグ・ワン』であることの認識につながり、学習が深まる。この際に、膨大な歴史観を感じると共に、この映画が単なる戦争映画ではなく、人と人の繋がりを学ぶ予感を感じさせる。

　第二に、『スター・ウォーズ』シリーズと言えば、ルークとダース・ベイダーを代表とする家族や親子関係がテーマになるが、本作でも主人公のジン・アーソと父親のゲイレン・アーソの関係に着目して学習することができる。幼い頃に母親

と死別して、父親とも生き別れたジンがどのように父親に再会するのかがポイントになる。映画の冒頭の場面で生き分かれる前に娘に、"Remember. Whatever I do, I do it to protect you."と言った意味を考えて、後半部分の渦中での再会の場面を、学習者同士でグループディスカッション等を通して考察することができる。

　第三に、特にジェダイの持つ能力に近い技量のある特徴的なチアルート・イムウェをトピックにして、彼が常に口にしている"The Force is with me. And I am the Force."というセリフや彼の生き方から学習者が自分の生活を再考するのに参考になる。仲間を想う態度や行動は、時に禅的な武士道的な精神を窺わせるもので、彼の生き方に日本人的な共通点を見出すことも発展学習としてできる。

　第四に、この作品を観ているだけでも、K-2SO を代表とするこの映画で初めて登場してくるドロイドの活躍や反乱者たちの絆の深さに感動することができる。もう一方で、ダース・ベイダーの登場はオールドファンにとっては最高である。ドロイドや機械の動きにも人間性を感じられる場面があることが、『スター・ウォーズ』シリーズの特徴でもある。

　第五に、ローグ・ワンの戦士たちの生き方に注目して考察を深めたい。無謀とも思われるミッションを成功するための彼らのチームワークと共に、自己犠牲の精神はなぜか日本の武士道精神を思わせる点でもある。

　第六に、ギャレス・エドワーズ監督によれば、映画のタイトルの『ローグ・ワン』には三つの異なる意味があるそうで、この点に着目する学習方法もある。一点目は劇中で戦闘中に個人または集団を指す軍隊での「コールサイン」としての意味で、二点目は実写映画本編から逸脱する「アンソロジー・シリーズ」の第一作品目である本作自体が「Rogue（反乱者）」だという意味で、三点目は主人公のジン・アーソをはじめとした「ローグ・ワン」を構成する戦士たちも「Rogue（反乱者）」と呼べる者たちであるという意味である。

　これらの異なる意味を考察して登場人物の人間観を学習することもできる。

13. スター・ウォーズ / 最後のジェダイ
Star Wars: The Last Jedi (2017年製作)

▌映画の文化的・背景的視点

【あらすじ】

　遠い昔、はるかかなたの銀河系で…。新共和国ができて約30年、この間に宇宙を完全に支配することを目指している邪悪なファースト・オーダーが台頭してきた。最高指導者スノークが率いるこのファースト・オーダーに戦いを挑むのは、新共和国のレイア・オーガナ将軍が率いる私設軍隊レジスタンスだけであった。ファースト・オーダーとレジスタンスの戦闘が激化する中、レイとチューバッカは重要な任務を負っていた。闇の力を操るスノーク最高指導者やカイロ・レンに立ち向かえるのはジェダイの力だけである。レイアは兄である伝説のジェダイ、ルーク・スカイウォーカーを見つけるように、チューバッカと共にレイを水の惑星オクトーへ送ったのであった。オクトーの孤島に隠居していた伝説のジェダイ・マスター、ルーク・スカイウォーカーを見つけたレイは、ライトセーバーをルークに差し出すが、彼は目の前で放り投げてしまう。レイは、レイアがルークの帰りを待っていることを伝えるが、ルークはレイアたちの元へ戻ることを拒否し、レイにこの孤島から去るよう最初は告げる。しかし、帝国軍との戦いで苦楽を共にした友人のチューバッカやR2-D2と再会し、R2に説得され悩んだ末に、ついにレイの修行を開始する決心をする。ダース・ベイダーを継ごうとするカイロ・レンとフォースを覚醒させたレイは「光」と「闇」のせめぎ合いの中にいる。果たしてジェダイは受け継がれるのであろうか。

【映画の背景】

　今回の『スター・ウォーズ / 最後のジェダイ』は、前作の『スター・ウォーズ / フォースの覚醒』(2015) からダイレクトに繋がってストーリーが展開されてい

て、前作のラストシーンはそのまま本作の冒頭シーンになっている。監督は、映画『LOOPER / ルーパー』(2012) で斬新な SF 世界を創造したライアン・ジョンソンで、本作では、監督と脚本を両方担当している。ライアン・ジョンソン監督がインタビューの中でも述べているように、レイとカイロ・レンはほぼダブル主演である。「レイは光、カイロ・レンは闇。そして、カイロ・レンもまた青春期から大人に成長する過程にある。彼の青春は怒りに満ち、両親を否定し、そこから逃げたいと願う」と言うように、各キャラクターに最大の苦難を与えることで、レイもカイロ・レンもその成長過程を観客が共感できるという背景がこの映画には存在している。その意味で、監督が本作のテーマを各キャラクターが自分の居場所を探している「青春期」として捉えていることもよく理解できる。

【映画の見所】

前作に引き続きマーク・ハミルやデイジー・リドリー、ジョン・ボイエガらが出演している。ダース・ベイダーの後を引き継ごうとしているカイロ・レン、ルーク・スカイウォーカーから真実を知らされるレイ、レジスタンスたちの新ミッションや『スター・ウォーズ』ならではのドロイドや新キャラクター等、オールドファンが喜ぶ登場人物と新しいキャラクターが調和して融合している所が最大の見所である。

【推薦の理由】

『スター・ウォーズ』シリーズは全作を通じて壮大な宇宙を舞台に SF の世界観で描かれている一方、世界各地でロケが行われている。例えば、シリーズ第四作で出てきたルーク・スカイウォーカー家の原点の惑星タトゥイーンは、チュニジアのマトマタで撮影されている。今作でも、ルークとレイの出会いの惑星オクトーはアイルランドのスケリッグ・マイケルで、惑星クレートはボリビアのウユニ塩湖で、惑星カントニカの都市カント・バイトはクロアチアのドブロブニクで撮影されている。「絶景」という視点でもこの作品を推薦する。

英語教育学的視点

【学習ポイント】

　第一に、『スター・ウォーズ』シリーズならではの、ドロイドの機械的で客観的な判断の英語表現を学習することができる。前述のポー・ダメロンとフィンがハイパースペースでの追跡について、危険を冒してでも任務を遂行するしかないと話している場面でC-3POが、"If I must be the sole voice of reason, Admiral Holdo will never agree to this plan."（理性的に考えると提督は認めません）と言う。ポーとフィンが可能性は高くないかもしれないがレジスタンスのために、敢えて危険な任務に取り組もうと感情が高ぶっているのに、冷静かつ機械的に判断するC-3POからは、法助動詞のmustを使いながらも客観的な思考を伝える表現を学習できる。しかし一方で、申し訳なさそうに話すC-3POの態度やしぐさから、機械なのになんて人間的であたたかく話すのだろうと興味を引かれる。

　第二に、前述のオープニング・クロールは"Only General Leia Organa's band of RESISTENCE fighters stand against the rising tyranny, certain that Jedi Master Luke Skywalker will return and restore a spark of hope to the fight."（レイア・オーガナ将軍のレジスタンスのみが暴君に立ち向かい、ジェダイ・マスターのルーク・スカイウォーカーが再び希望の灯をともすと確信していた）と続く。この英語字幕の部分を利用して、声に出して読むことや意味把握の学習に応用できる。

【英語の特徴】

　この映画の英語の特徴としては、日常会話的な比較的短い英語表現が使用されて分かりやすい場面と、『スター・ウォーズ』作品ならではの機械や戦闘そして宇宙に関する、多少難解で専門的な英語で表現されている場面がある。以下に、二つの場面で例を挙げる。

　第一に、俳優のセリフではないが冒頭のオープニング・クロールで、"A long time ago in a galaxy far, far away..."から始まるこの表現は難解な語もなくよく理解することができる。その後の"The FIRST ORDER reigns. Having decimated the peaceful Republic, Supreme Leader Snoke now deploys his merciless legions to seize military control of the galaxy."（ファースト・オーダーが統治して共和国を破壊し、スノーク最高指導者は容赦ない攻撃をして武力で銀河を支配しようとしている）は専門的な表現になっている。

　第二に、ポー・ダメロンとフィンがハイパースペースでの追跡について会話をしている場面も同様である。**Poe:** Just give it to me one more time, simpler. **Finn:** So, the First Order's only tracking us from one Destroyer, the lead one. **Poe:** So we blow that one up? **Finn:** They'd only start tracking us from another Destroyer. ポーの「簡単に説明してくれ」や「吹き飛ばす？」という日常的な表現とフィンの「追跡を担うのは先頭の一隻だけ」や「他の艦が代わる」という専門的な表現は対照的である。

【印象的なセリフ】

（１）レイアがポーに戦闘をやめて帰還するように言うが、ポーが言うことを聞かず、レイアがC-3POに話す場面である。
　　　Wipe that nervous expression off your face, 3PO.
　　　（不安そうな顔をするのはやめなさい、3PO）
（２）冒頭の戦闘の後に、スノーク最高指導者がハックス将軍に述べる場面である。
　　　My disappointment in your performance cannot be overstated.
　　　（とんでもない失態をしてお前には失望しかない）
（３）レイがルークを探し出し、ルークに言う場面である。
　　　We need your help.（あなたの力が必要です）
（４）ルークは薄々、状況をフォースで理解しているがレイに尋ねる場面である。
　　　Falcon? Wait. Where's Han?
　　　（ファルコン号？待て。ハンはどこにいる？）
（５）ルークがR2-D2に久しぶりに会った時に述べる場面である。
　　　Old friend. I wish I could make you understand. But I'm not coming back.
　　　（友よ。お前は分かっていないよ。戻る気はない）

(6) マスター・ヨーダがルークを諭す場面である。
   Pass on what you have learned.（学んだことを伝えなさい）

【リスニング難易度】

この映画の特徴を9項目各5点満点（5「難」→1「易」）で評価している。

スピード	明瞭さ	米国訛	米国外訛	語彙	専門語	ジョーク	スラング	文法
3	3	3	4	3	4	3	3	3

■ 人間教育学的視点

【発展学習】

　第一に、スノーク最高指導者がカイロ・レンに述べる場面である。The mighty Kylo Ren. When I found you, I saw what all masters live to see. Raw, untamed power. And beyond that, something truly special. The potential of your bloodline. A new Vader. Now I fear I was mistaken. スノークがカイロ・レンに出会った時、無敵ですべてのマスターが望むものを彼に見て、血筋からも祖父のダース・ベイダーの跡を継げると思っていたのに、彼の心が揺れて見込み違いだったかもと言う。カイロ・レンは I've given everything I have to you. To the dark side. と、スノークにすべてを捧げ、父親のハンを殺したことも挙げて、暗黒面に入ったと言う。この映画の重要なテーマの一つでもある人間の「光」と「闇」について考察できる。

　第二に、レイにフォースを教えるルークが悩んだ場面でヨーダが現れる。Pass on what you have learned. Strength, mastery. But weakness, folly, failure also. Yes, failure, most of all. The greatest teacher, failure is. Luke, we are what they grow beyond. That is the true burden of all masters. 強さ、熟達の業、弱さ、愚かさそして失敗も含めて学んだことをすべて伝えるように言う。そして、失敗こそ一番大切で最高の師であり、師の真の責務は弟子に超えられることなのである。教師である私たちのみならず、人生の究極の真理をヨーダの表現から発展的に学ぶこ

とができる。

　さらに、映画『スター・ウォーズ/最後のジェダイ』の発展学習ポイントとして三点挙げる。

　第一に、レイの両親の正体をカイロ・レンが明らかにする点である。レイは故郷の惑星ジャクーで両親を待ち続けていた前作からのヒロインである。カイロ・レンが告げたことが果たして真実なのかは次回作の見所となるだろう。また、ここで他人が言うことをどこまで信じるかという人間的成長の過程を垣間見ることができる。当然、人の言うことは信じたいという人間的な部分と、結局人間は捉え方次第で解釈が異なるので、もし他人からこうであると言われたとしても、自分の信念は迷わずしっかり保つことが大切だということがこの場面からよく分かる。

　第二に、ジェダイは受け継がれるのかという点がある。レイとカイロ・レンの「光と闇」の関係性も含め、最後のジェダイとは本当は誰なのかも注目すべき点の一つである。また、ジェダイという語を聞くと、恩師との師弟関係を思い浮かべる。シリーズの中で重要な要素である師と弟子との関係性に焦点をおいて見ると、レイとルークとの修行の場面は勿論のこと、ルークが悩んだ時に師であるヨーダと交わす会話は圧巻である。

　第三に、登場人物の死である。『最後のジェダイ』で最もショッキングな出来事は、やはりルークの死である。『フォースの覚醒』で、ハン・ソロは我が子であるカイロ・レンによって身を貫かれる。ハン・ソロが、そして、今作ではルークが亡くなるが、この「死」の意味を考察することもできる。さらに、この死の意味を考察するということは、結局、人間の生き方を考えることにもつながる。例えば、人間は亡くなってしまえば、もうそれだけのものなのか、あるいは亡くなったとしても魂は続くのか等、日本人の宗教観あるいは人間観とも比較して、考察することが可能である。

14. ハン・ソロ / スター・ウォーズ・ストーリー
Solo: A Star Wars Story (2018年製作)

映画の文化的・背景的視点

【あらすじ】

　宇宙を支配している銀河帝国が勃興して約10年、宇宙船の造船で有名な惑星コレリアは帝国の支配下にあり、情勢はとても厳しいものとなっていた。この映画は、物語の時系列的には『スター・ウォーズ エピソード4／新たなる希望』(1977)の10余年前の時代に当たる、壮大な本編ストーリーを補完するスピンオフ映画第二弾の作品である。

　これまでの『スター・ウォーズ』シリーズで、随一の悪党でありながら愛嬌のあるキャラクターで絶大な人気を博しているハン・ソロ。この作品では、過去のシリーズでハリソン・フォードが演じたハン・ソロの若かりし頃が明らかになる。アウトローなハン・ソロはいかにして愛すべきキャラクターになったのであろうか。幼馴染みで彼が愛した美女キーラや、彼の愛機ミレニアム・ファルコン号の所有者である悪友のランド・カルリジアンらと出会い、カリスマ性を持つベケットのチームに加わり、自由を手に入れるため危険なミッションにも挑む。そして、何といっても生涯の相棒のチューバッカとの初めての出会いも描かれている。映画のテーマはスペース・ウェスタンであるが、ルークやレイアに出会う前のハン・ソロが内に秘めた正義感で様々な試練に立ち向かっていく。果たして、キーラやベケットは最後にはハン・ソロと仲間になり得るのであろうか。想像を絶した危機を彼はどのようにして乗り切るのだろうか。

【映画の背景】

　『ハン・ソロ／スター・ウォーズ・ストーリー』は「アンソロジー・フィルム (Anthology films)」という『スター・ウォーズ』の本編ストーリーを補完する

第14章　ハン・ソロ／スター・ウォーズ・ストーリー

　スピンオフ映画群の第一作目『ローグ・ワン／スター・ウォーズ・ストーリー』(2016)に続く第二作目である。宇宙随一のアウトローでありながら、その愛くるしいキャラクターで映画『スター・ウォーズ』シリーズのファンからだけではなく、今も多くの人々から愛されているハン・ソロの若き日の姿を描いている。彼は女性からの人気も絶大なので、『スター・ウォーズ エピソード7／フォースの覚醒』(2015)での彼の死は多くのファンを絶望に陥れた。しかし、本作品がハン・ソロファンへの朗報となった。監督は、名匠ロン・ハワード氏で、彼は、幼少の頃から子役として活躍し、監督としても多くの作品を手掛け、代表作映画『ビューティフル・マインド』(2001)では作品賞を含むアカデミー賞4部門に輝いた。また、ジョージ・ルーカス監督の映画『アメリカン・グラフィティ』(1973)にも出演していて、ルーカス監督と深い縁がある。実はルーカス氏から以前に、『スター・ウォーズ エピソード1／ファントム・メナス』(1999)の監督をオファーされていたハワード氏が本作品をどのように仕上げていったのかとても興味深いものがある。

【映画の見所】

　この映画の見所を三点挙げる。第一に、若き日のハンを描いているこの作品で「ハン」と名乗っていた彼が、どのような経緯で「ハン・ソロ」となるのかという点である。第二に、自由になりたいと願うハンは、愛する幼馴染みのキーラと共に自由を獲得することができるのかという点である。第三に、カリスマ性を持った謎の男のベケットに出会い、彼のチームと行動を共にする中で、若きハン・ソロは何を学びどのように自己を形成していくのかである。

【推薦の理由】

　若きハン・ソロがどのように人間的に成長していくのかを見て取れるのがこの作品のテーマでもある。「成長」という点で、彼に大きな影響を与える2人の人物、キーラとベケットとの関係性に着目して本作品を考察することを推薦する。

英語教育学的視点

【学習ポイント】

　最初の英語字幕を利用した学習方法について述べる。映画『スター・ウォーズ』シリーズでは、必ず冒頭が "A long time ago in a galaxy far, far away...." 「遠い昔はるかかなたの銀河系で…」という表現で始まる。最初にスクリーンに出てくるこの英語での説明字幕を利用して学習を進めることができる。以下に、冒頭を引用する。It is a lawless time. CRIME SYNDICATES compete for resources—food, medicine, and HYPERFUEL. On the shipbuilding planet of CORELLIA, the foul LADY PROXIMA forces runaways into a life of crime in exchange for shelter and protection. On these mean streets, a young man fights for survival, but yearns to fly among the stars....（それは法のない時代。複数の犯罪組織が、食料、薬、ハイパー燃料等の資源を巡って争っていた。造船で有名な惑星コレリアでは、レディ・プロキシマが逃亡者たちに、保護と引き換えに犯罪行為を強要していた。そこには銀河を飛び回る日を夢見て必死に生きる1人の若者がいた）。第一にリーディング教材として読んでいくことができる。この部分を読み進めることでsummary的に学習できる。第二に、映像の文字を見ながらナレーション的に自分で発音する方法がある。第三に、自分で発音した声を録音して、それを聞いて書き取る、ディクテーションの学習にも応用できる。

【英語の特徴】

　主人公のハン・ソロを中心に、登場人物の会話のスピードは適度である。発音も明瞭で、他の『スター・ウォーズ』シリーズに比べても比較的専門的な用語も少なく聞き取りやすい表現が多い。英語の特徴として、以下の三点が挙げられる。

　第一に、ハン・ソロが空港の窓口で、"Who are your people?" と尋ねられ、"I don't have people. I am alone." と答える場面や、チューバッカに向かって、ハン・ソロが一緒に逃げようと、"That's our one way off this mud ball." (この泥沼から抜け出すチャンスだ）と言う場面等からも、映像から視覚的に分かるようなシー

ンでは、比較的日常的な短い英語表現が使用されていることが理解できる。

　第二に、『スター・ウォーズ』作品ならではの機械や戦闘に関するような場面では、第一の特徴と反対に、日常会話的ではない客観的な英語で表現されている。例えば、冒頭のキーラとハン・ソロが逃げる場面でドロイドが、通行許可証を見せるように促す場面では、"This is a secure area. You must have proper clearance."と表現されている。

　第三に、他のシリーズでC-3POがそうであったように、『ハン・ソロ』でも、ドロイドのL3-37が機械的に英語を話す場面もあるが、もう一方で機械なのに人間的に、"Oh, are we? And what if I don't elect go to Kessel?"（勝手に？私の意思は無視？）ととても人間的にごねて話すような場面もあるのが特徴である。

【印象的なセリフ】

（1）ハン・ソロがコアクシウムを盗んだ後にキーラに言う場面である。
　　　Qi'ra, you always said one day we're gonna get out of here.
　　（キーラ、いつも言っていたようにいつかここを出たがっていただろ）
（2）ハン・ソロが自分の目標についてキーラに話す場面である。
　　　I'm gonna be a pilot.
　　（パイロットになるんだ）
（3）キーラがハン・ソロと逃げる時に言う場面である。
　　　We won't have to take orders or be kicked around by anyone.
　　（私たちは誰の命令も聞かないし、虐げられもしない）
（4）空港で、帝国軍への勧誘のアナウンスが流れる場面である。
　　　Be a part of something. Join the Empire.
　　（熱き諸君、帝国軍へ来たれ）
（5）ハン・ソロは逃げるために帝国軍のパイロットになることを希望してその窓口で、家族はと尋ねられた時に答える場面である。
　　　I don't have people. I'm alone.
　　（家族はいない。一人だ）

（6）戦地で助けてもらったハン・ソロがベケットに言う場面である。
　　Thanks for your help back there.
　（さっきはありがとう）
（7）ヴァルがハン・ソロに人は一人では生きていけないと言う場面である。
　　Everybody needs somebody.
　（皆、一人じゃ生きていけない）

【リスニング難易度】

この映画の特徴を9項目各5点満点（5「難」→1「易」）で評価している。

スピード	明瞭さ	米国訛	米国外訛	語彙	専門語	ジョーク	スラング	文法
3	3	3	4	3	4	3	3	3

人間教育学的視点

【発展学習】

　この映画でハン・ソロはチューバッカをはじめ、エピソード4に繋がる様々な人や物と出会う。以下に二つの場面を具体例として挙げ、発展学習の方法を提案する。

　第一に、映画『ハン・ソロ』では、何と言ってもその後も活躍するミレニアム・ファルコン号との出会いがある。サヴァリーン精製所でハン・ソロは次のように言う。"Just did the Kessel Run in 12 parsecs."（ケッセル・ランを12パーセクで）ここを観た学習者は、必然的にエピソード4でのハン・ソロの有名なセリフ、"Fast ship? You've never heard of the Millennium Falcon? It's the ship that made the Kessel Run in less than 12 parsecs."（速い船かだって？ミレニアム・ファルコン号を知らないのか？ケッセル・ランを12パーセクで飛んだんだ）を思い出す。つまり、エピソード4も関連付けて学習することができる。また、ミレニアム・ファルコン号という乗り物にこれだけの愛着を感じている部分がまさに、機械にも人間性を感じる『スター・ウォーズ』シリーズ特有の特徴を学び取ることができる。

第二に、『スター・ウォーズ』シリーズの歴代の主人公と同様に、本作品でもハン・ソロの人間的成長が描かれている。前述のベケットが、"I trust no one. Assume everyone will betray you."と誰もが裏切るので皆を信じないことだとハンに説くが、彼はそのような生き方はしない。荒くれ者だったハン・ソロであるが、様々な人と出会い最後には人を信じ、仲間を助ける姿を学習できる。この若きハン・ソロの生き方が後々、ルークやレイアに出会い、平和な世界のために協力して戦うことに繋がる。

　さらに、前述のベケットとキーラというハン・ソロに多大な影響を与えた2人の人物について考察する。

　第一に、幼馴染みで恋をしているキーラとの関係である。キーラと一緒に惑星コレリアから脱出するつもりだったが、それができず彼女を連れ戻すためにミッションをこなす。久しぶりに再会した彼女は自分が生き抜くために変わり果てていた。彼女との関係はどのように展開されるかをこの映画で学習しながら、人間は常に同じではないということがポイントになる。つまり、与えられた環境や時間の経過によって自分が想っていた相手が変わり果ててしまう描写から、人間は常に変わるという無常観をこの場面から学習することができる。しかし、もう一方で、ハン・ソロが持っていた人間性は変わらないことも学習することができる。

　第二に、自由を手に入れるためベケットのチームに加わり、危険なミッションに臨むがそのベケットの生き方からどのような影響を受けるかを考察することもできる。ベケットは、「誰も信じてはいけない」とハンに教えるが、ハン・ソロの受け止め方を観察することで、ハン・ソロの人間的成長を学習者が自分の経験と照らし合わせて発展的に学習することに繋がる。

15. アンドリュー NDR114
Bicentennial Man （1999年製作）

■ 映画の文化的・背景的視点

【あらすじ】
　2005年の春、郊外に住むマーティン一家のところに、ノース・アム・ロボティクス社から荷物が届いた。その中に入っていたのは、父親のリチャード・マーティン（サム・ニール）が家族のために購入した最新型のNDR114ロボットだった。アンドリュー（ロビン・ウィリアムズ）と名付けられたこのロボットは、日々の家事の手伝いや掃除、ベビーシッター等、何でも引き受けた。
　マーティン家には、アンドリューが尊敬を込めて、「サー」と呼ぶリチャード・マーティン、「マム」と呼ぶリチャードの妻（ウェンディ・クルーソン）、「ミス」と呼ぶ長女グレース（リンジー・リザーマン）、それから「リトル・ミス」と呼ぶ次女アマンダ（ハリー・ケイト・アイゼンバーグ）の4人がいた。最初からアンドリューを友人か家族のように感じていたのは、幼いリトル・ミスであった。ある日、アンドリューはリトル・ミスのために、馬の置物を木で彫って作ってあげた。これを見たリチャードはアンドリューに可能性を感じ、書物を与え教育し、創作活動をさせるようになった。時は流れ、アンドリューはその創造性をさらに開花させる。リトル・ミスは結婚し、子供も生まれた。リトル・ミスの一家と幸せな日々を過ごしていたアンドリューだったが、彼は人間になりたいという気持ちをさらに強く持つようになる。やがて、アンドリューは物事を選択する権利即ち、「自由になりたい」と思うようになるのであった。

【映画の背景】
　この映画は、SF界の巨匠、Isaac Asimov（アイザック・アシモフ）の小説が原作で、『ホーム・アローン』シリーズのクリス・コロンバスが監督した作品である。人

間とロボット、そして、その境界線の中で、人間になりたいという希望をもつロボットのアンドリューの生涯を通して、人間の心と命を見つめる感動作である。最初に家に到着した時には、普通のロボットだったが、アップグレードされるごとに、表情も豊かになり、動きがスムーズになる。そして、後半には人間と変わらない外見になる。250以上のピースを組み合わせて作られた、16キロもある「ロボット・スーツ」を着て演技したロビン・ウィリアムズが、「スタジオの人たちが、あのスーツを僕が着ていると、単なるアニマトロニクスとはまったく違って見える、生命がある、と言ってくれた」と述べているように、本当に命が吹き込まれていることがよく分かる。

【映画の見所】

　「映画の背景」で前述したように、主役のロビン・ウィリアムズは16キロもあるスーツを着てこの撮影に挑んだ。当初、このロボット・スーツを装着すると、ロビンの顔は隠れてしまうのでこの段階では、重たいスーツをロビンに着せる必要もないのではないかという意見もあったが、彼は、重いスーツの中に入り演じることを選んだ。ここにもロビンならではのエッセンスが伝わり、観る人を感動させた。ロビン・ウィリアムズは言うまでもなくハリウッドの大スターであるが、残念ながら2014年8月11日、カリフォルニア州の自宅にて死去した。彼の俳優魂は観客を魅了し、そのことが本作品の中でも随所に表れている点が見所の一つである。

【推薦の理由】

　この作品は、1999年公開の米国映画である。一見、ロボットを中心にした未来の映画に思えるが、実は人間になりたいという願望を持つロボットのアンドリューの生涯を通して、人間の心と命を見つめるヒューマンドラマである。アンドリューは最初、ロボット特有の話し方をするが、次第に人間のように表現する。アンドリューを通して、人間とは何かを本質的に改めて考えることができる点で推薦したい。

英語教育学的視点

【学習ポイント】

　この映画は、学習能力と自我を持ったために、人間になることを夢見るロボットのアンドリューが、人間の心を育み、自分が人間であるという承認を求める200年に渡る物語である。人工知能 (A.I.) を含んだロボット関係の研究者のみならず、コンピュータ系の職業や理科系の職業に携わっている社会人や大学生の学習者が、ロボットやコンピュータ的な用語や英語表現を学習することができる。

　先ず、「印象的なセリフ」でもこの後挙げるが、「アンドリュー」こと、NDR114は、ロボット工学三原則に基づいて、人間に奉仕するアンドロイド（人造人間）である。これは映画の原作者である Isaac Asimov (1920～92) が、1950年に書いた小説 *I, robot* の中で提唱し、それ以後に書かれたロボットに関するフィクションのスタンダートとなったものである。アシモフ以前には、ロボットは人間を裏切り、攻撃するものとして描かれたことが多かったが、ロボットをポジティブな存在として捉えたのはアシモフが最初であり、この作品に登場するロボットもこの原則に従って行動していることを学習できる。

　次に、映画の前半ではアンドリューが主人のリチャードから様々なことを学ぶのだが、そのアンドリューの英語表現はロボット的で特徴がある。最初に起動した際に、"NorthAm Robotics, household model, NDR114. Serial number 583625." と話し始めるが、シリアルナンバーはコンピュータのソフトをインストールする際によく出てくる用語である。また、"There is another option that one is obligated to point out, Sir." や "Would you care to see a demo of the personality chip?" や "One only requires access to a power outlet." 等の表現からアンドリューはコンピュータや家電の取扱説明書に出てくるような話し方をしていることが理解できる。つまり、理系的な英語表現は分かりやすくシンプルであることもアンドリューの話から学習することができる。

　さらに食事を給仕した後に、主人から "We're fine, Andrew."（ここはもういいから）と言われて、"Indeed you are, Sir."（本当にいいですね）と間違って答えたり、

"The kitchen."(台所)と言われ、"Go to the kitchen now."(台所へ行きなさい)とは理解できず、"It's fine, too, Sir."(キッチンもいいですね)と答えたりするが、学習しながら徐々に個性と創造性を発揮していくことが分かる。

【英語の特徴】
　人間になりたいという願いをもつロボットのアンドリューが主人公の作品なので、映画の前半では、ロボットの特徴のある英語を話す。例えば最初の場面で、アンドリューが "Will that be one's name?"（自分の名前ですか？）と話す場面がある。「自分の名前」という表現であるのに、アンドリューというロボットのセリフだからか、一人称が one になっているように英語が特徴的である。

【印象的なセリフ】
（１）映画の冒頭の場面で、アンドリューが尋ねる場面で、ロボットなので、一人称が one という表現になっている。
　　　Are you one's family?
　　（自分の家族ですか？）
（２）ロボット三原則の一つ目である。
　　　First Law of Robotics: A robot may not injure a human being or through inaction, cause a human being to come to harm.
　　（第一の原則：ロボットは人間に危害を加えたり、危険な状況を傍観していてはならない）
（３）ロボット三原則の二つ目である。
　　　Second Law: A robot must obey all human orders except where those orders come in conflict with the first law.
　　（第二の原則：ロボットは人間の命令に従わなければならない。ただし第一の原則と相反する命令は例外とする）
（４）ロボット三原則の三つ目である。
　　　Third Law: A robot must protect itself so long as doing so does not conflict

with the first two laws.
（第三の原則：ロボットは第一と第二の原則に準じつつ自分の身を守らなければならない）
（5）アンドリューが、様々な場面で言う言葉である。
One is glad to be of service.
（お役に立てれば、幸いです）
（6）心を持ったアンドリューが自由を求めて主人に述べる場面である。
One would no longer be your property.
（私はもう、あなたの所有物ではありません）

【リスニング難易度】

この映画の特徴を9項目各5点満点（5「難」→1「易」）で評価している。

スピード	明瞭さ	米国訛	米国外訛	語彙	専門語	ジョーク	スラング	文法
3	3	3	3	3	3	3	2	3

人間教育学的視点

【発展学習】

　アンドリューは努力を重ねることによって、徐々に、個性と創造性を発揮するようになる。他のロボットと異なり、独創的な点は、次女のリトル・ミスのために作った木彫りの馬である。これは芸術的であまりにも素晴らしかったのでリチャードは、"What interests me is he shows a number of characteristics like creativity, curiosity, friendship that, frankly, have taken us by surprise." と、アンドリューに創造性や好奇心や友情といった人間味があることにとても驚いている。人間に近づくための努力を重ね、アンドリューは巡り合った最愛のポーシャ（リトル・ミスの孫娘）と共に「人間」として生きていこうとする。既に200年以上経過し、自分にとって大切なマーティン家の人々に先立たれ寂しい思いをするアンドリューはついに、自分自身の機能を停止するように改造して、つまり老衰

死を受け入れてまでも自らの人間性を主張する。人間として生きたいとの彼の意志は英語表現にも出ていて、"One is glad to be of service." と one という表現を使っていたが、自由を求めてマーティン家を去る際には、"I am always at your service."（僕を呼んでください）と、"I" という表現を使っている。

　さらにこの映画では、自然の摂理について、アンドリューはポーシャから学ぶのである。ポーシャの「人間は一時、地上に生きてそして死んでいくように定められているの。それが正しいのよ」という言葉を聞いて、アンドリューは永遠の命を放棄し、本当の人間になることを選択する。アンドリューは、200年の人生を生き、愛する人のすぐ近くで、最高の幸せを感じたまま死を迎えることができたのである。学習者は、アンドリューの生き方から人間の本質、生や死についてまでも学ぶことができる。

　また、別の観点から発展的に学習を進めることも可能である。よく知っている俳優についてその人物の特性を学習したうえで、その俳優が出演している映画等を利用して学習を進めるという方法がある。ここでは、主演のロビン・ウィリアムズについて筆者が作成した教材例を挙げる。Robin McLaurin Williams was born in Chicago in 1951. He was a very shy child. He used high school drama to overcome his shyness. After high school he studied at the famous Julliard School in New York. In the 1970s he got his first roles in television comedies where he could use his talent for improvisation and imitating dialects. His films have been very popular. Most of his films are comedies, but he has also been in dramatic films. He won an Oscar in 1998.（筆者中略）Although he has had professional success, he also had problems with alcohol and drug addiction. He has spoken publicly about his struggle to overcome drugs after his first child was born. He often gives time to work with charities. Takayuki Hoko et al.（2013: 121）簡単な英文で主演俳優の人生観等を把握したうえで、より効果的にその映画についての学習を進めることができる。

16. フィールド・オブ・ドリームス
Field of Dreams （1989年製作）

■ 映画の文化的・背景的視点

【あらすじ】

　本作品は、1987年の米国アイオワ州を舞台にしている。マイナーリーグの選手であった父親から、小さい頃に、野球の話を聞かされて育ったレイ・キンセラ（ケビン・コスナー）は、学生時代の同級生だった妻のアニー（エイミー・マディガン）と娘のカリン（ギャビー・ホフマン）と平和な日々を送っていた。ある日、自分のトウモロコシ畑で作業をしている時、レイは「それを作れば彼は来る」という突然の声を聞くことになる。その不思議な声と野球場の幻を見たレイは何かの使命感に突き動かされ、畑の一部をつぶして野球場を建ててしまった。当然、周囲の人々の反応は冷ややかだったが、妻のアニーは夫を温かく見守ってくれていた。ただし、畑に野球場を作ったことで、収入は減り、貯金はなくなり、借金に追われることになった。

　約1年が過ぎたある日、娘のカリンが野球場に1人の男が立っているのを発見する。19年のワールドシリーズで八百長試合を演じたことで球界を追放されたシューレス・ジョー（レイ・リオッタ）だった。その日を境に、シューレス・ジョーとともに球界を追放されたシカゴ・ホワイトソックスのメンバーが続々と姿を現わした。憧れの選手たちを自分のグラウンドで見ることに満足を感じるレイ。36歳の妻子ある男性が、自分の夢を叶えるために冒険できるのは今しかないと、不思議な「声」に導かれるまま、自分の夢に挫折した人々に出会っていくこのストーリーの結末はいかに…。

【映画の背景】

　1989年公開の映画『フィールド・オブ・ドリームス』は、ユニバーサル・ピク

チャーズが製作会社である。元々、小説 *Shoeless Joe* (W. P. Kinsella, 1982) を原作に、フィル・アルデン・ロビンソンが監督と脚本を兼任した。野球をトピックに、60年代をキーワードとして夢や希望、家族の絆といった、米国で讃えられる美徳を描き上げたドラマ映画である。また、英語名をそのまま発音すると「フィールド・オブ・ドリームズ」だが、日本で公開されたタイトルは『フィールド・オブ・ドリームス』となっている。

【映画の見所】

　この映画は、特に、野球が親しまれている米国や日本を中心とした国に於いてヒットした映画で、日本では第33回ブルーリボン賞や第14回日本アカデミー賞で最優秀外国語作品賞を受賞し、米国では、第62回アカデミー賞で作品賞、脚色賞、作曲賞にノミネートされた。全世界で16の映画賞でノミネートを受け六つの受賞を果たしたがそのうち四つは日本の映画賞であることからも、日本で特にヒットして共感を得た映画と言える。その他の点として、作品の後半でレイと行動を共にする作家テレンス・マンがいるが、この重要な役は、原作ではジェローム・デビッド・サリンジャーとして描かれている。キャストもケビン・コスナーやジェームズ・アール・ジョーンズ（『スター・ウォーズ』のダース・ベイダーの声で有名）をはじめ、演技派のメンバーがこの映画の魅力を一層高めている点が見所の一つである。

【推薦の理由】

　原作は、W・P・キンセラの小説 *Shoeless Joe* で、野球をトピックに、親子の絆や夢と希望、そして自己実現を描き上げたドラマ映画である。今現在の自分の地位や立場を捨て去ることは、特に職業を持っている社会人の方にはなかなか難しいことである。例えば、今ある仕事をやめて本当に自分のやりたいことをしたいと思っても、大抵の大人は新しい仕事が見つかるかの不安や、たとえ見つかっても職場に適応できるか等、心配事を先に考えてしまう。しかし、信じることができれば奇跡は起こるということを伝えた本作品を、社会人やこれから仕事に就こうとキャリアデザインについて考えている高校生、大学生に推薦したい。

英語教育学的視点

【学習ポイント】

　全編を通して野球をトピックにストーリーが展開されているので、野球選手のみならず球団関係者や野球用具を扱っている方々等、すべての野球ビジネスに関わる人々が、関連する歴史的背景や用語や表現をこの映画から学習することができる。先ず、冒頭の場面から引用する。**Ray:** He settled in Chicago, where he quickly learned to live and die with the White Sox. Died a little when they lost the 1919 World Series. Died a lot the following summer when eight members of the team were accused of throwing that Series. He played in the Minors a year or two, but nothing ever came of it.（筆者中略）Mom died when I was three, and I suppose Dad did the best he could. Instead of Mother Goose, I was put to bed at night to stories of Babe Ruth, Lou Gehrig and the great "Shoeless Joe" Jackson. Dad was a Yankees fan then, so of course, I rooted for Brooklyn. But in '58, the Dodgers moved away, so we had to find other things to fight about. レイの父親が熱烈な野球ファンであることを説明するこの最初の場面だけでも、相当なメジャーリーグに関する用語が出てくる。父親がシカゴに住み始めて最初ホワイトソックスのファンになったこと、1919年のワールドシリーズで負けたことやその時にチームの主力8選手が八百長に関連していたという歴史、そして、父親自身もマイナーリーグでプレーした経験があり、子育ての際もベーブ・ルースやルー・ゲーリックやシューレス・ジョーのことを子守歌代わりに話していたことが分かる。このシューレス・ジョーはなぜ「シューレス」なのかということも、別の場面でマイナー時代の試合中、スパイクが足に合わず6回からスパイクを脱ぎ、裸足になったことに由来していると説明されている。

　さらに、レイが小さい頃、父はその時ニューヨーク・ヤンキースのファンになっていて、レイ自身はドジャースのファンだったというエピソードが紹介されるが、その中の Brooklyn という語から、ロサンゼルス・ドジャースがかつてはニューヨークに本拠地を置いていたことが分かる。つまり、この映画では様々な場面で、

歴史的経緯も含めた多くの野球用語を学習することができる。

　次に、レイが作った野球場で選手たちが練習試合をする時に会話する場面で、様々な野球に関する用語が出てくる。"Go warm up."（ウォームアップして来い）、"Rookies."（ルーキーだな）、"Safe."（セーフ）、"Go get it."（一発行けよ）、"Hang in there, buddy!"（向かっていくぞ）、"He didn't throw the fast ball, kid."（速球投げてこなくてよかったな）、"Ball."（ボール）、"Those first two were high and tight."（最初の2球は内角高めだった）、"Either low and away or in my ear."（外角低めかぶつけてくるかだ）、"He's not gonna want to load the bases."（塁を埋めたくない）、"Go home."（ホームへ来い）。このように野球に関連する英語表現を学習することができる。

【英語の特徴】
　本作は、野球を題材にしているので、場面によっては野球に関する英語表現を学習できる。また、この作品では米国英語が話されているが、比較的聞きやすくスラングも少ない。学習者にとって教材としてもスピードや明瞭さに関して適度である。また、人生の重要な転機と決断が迫られる場面が多く含まれているので、仕事や、様々な場面で yes や no をしっかり示す重要性も学習することができる。

【印象的なセリフ】
（1）映画の冒頭でレイは、父親が熱烈な野球ファンで一時期はマイナーリーグでもプレーしていたことを語っている。
　　He played in the Minors a year or two, but nothing ever came of it.
　　（彼はマイナーリーグで、2年ばかりプレーしたが、成績は平凡だった）
（2）レイは、ある不思議な声を聞くまでは平凡な暮らしを送っていたことを説明している。
　　But until I heard the voice, I'd never done a crazy thing.
　　（私はあの声を聞くまで、型破りなことは何もしたことがなかった）
（3）ある日の夕方、レイはトウモロコシ畑を歩いているとふと不思議な声を聞く。

If you build it, he will come.(それを作れば、彼は来る)
(4) レイからその話を聞いたアニーが聞き返す場面である。
If you build what, who will come?(何を作れば、誰が来るの？)
(5) レイが野球場を作ろうと決心したのは、父親が夢の実現のために何もしなかったことだと例に挙げている。
The man never did one spontaneous thing in all the years I knew him.
（私の知る限り、彼〔父〕は生涯自ら進んで何かするような人ではなかった）
(6) さらに、レイは二つの不思議な声を聞く。
Ease his pain. Go the distance.(彼の痛みを癒せ。やり遂げるのだ)

【リスニング難易度】

この映画の特徴を9項目各5点満点（5「難」→1「易」）で評価している。

スピード	明瞭さ	米国訛	米国外訛	語彙	専門語	ジョーク	スラング	文法
3	3	3	3	3	2	3	3	3

人間教育学的視点

【発展学習】

　この映画から、信念に従って行動することや目標に向かってあきらめずに進んでいくことの大切さについて学習できる。時には自分の夢や信念のために転職をも覚悟して決断することもある人生に於いて、仕事以上に大切なものがあることに気づくことができる作品である。愛する家族を見守り、信じ、思いやることの尊さを本作から学び、自分にとって仕事や家族とは何かを改めて考えることができる。

　先ず冒頭で、主人公のレイが"If you build it, he will come."（それを作れば、彼は来る）、"Ease his pain."（彼の痛みを癒せ）、"Go the distance."（やり遂げるのだ）と三つの不思議な声を聞く。最初の声はレイが農作業をしている時に、「それを作れば、彼はやって来る」という声を耳にするが、やがてその声が意味するのは

「トウモロコシ畑をつぶして野球場を作れば、八百長事件でメジャーリーグから永久追放となったシカゴ・ホワイトソックスのシューレス・ジョー・ジャクソンが再び現れる」ということであると気づいた。次の声はいろいろ調べていくうちに、作家のテレンス・マン氏を野球場に連れて行って野球を観戦することだと分かり、球場で他の観客には見えていないビジョンを目にし、そこで三つ目の声を聞く。マン氏は最初、素知らぬふりをしていたが、実はマン氏もビジョンを見て声を聞いていて、そこから2人の米国大陸横断の旅が始まる。すべてを終えて帰宅した時、最初の声の「彼」とは本当は誰だったのか、そして「声」の主が誰であったのかをレイは知り、大切なことに気づく。

　次に、トウモロコシ畑をつぶしてまでも野球場を作ることになった信念から、彼の決意と希望を学ぶことができる。レイが、妻に語りかける場面で、"I mean, he must've had dreams but he never did anything about them. (筆者中略) Annie, I'm afraid of that happening to me. And something tells me that this may be my last chance to do something about it. I wanna build that field." と、父親は自分の夢に向かって進まなかったことと対比させて、レイは自分の夢に向かって進み、野球場を作りたいということを話している。人生には様々な決断が必要な場面があるが、ここでレイの行動から仕事とは何かを考えさせられる。

　最後の場面で、父親とレイとの関係性から家族の大切さを学習できる。若い頃に父親と口論の末に家を飛び出し、以来一度も父の顔を見ることも、口をきくことすらもなかったことを心の中で悔やんでいるレイだったが、選手たちが「向こう側」に引き揚げていく中、最後に残った選手にレイは驚く。若き日のレイの父親であり、「それを作れば、彼がくる」とは亡きレイの父親のことだった。レイは父親の夢を実現させ、時を超えた親子の再会は、レイにとって最高のプレゼントだった。父親が帰りかけた時に「お父さん、キャッチボールしない？」と2人はキャッチボールを始めるのだった。

17. ラスト サムライ
The Last Samurai　　　　　　　　　　　　　　　　　　（2003年製作）

■ 映画の文化的・背景的視点

【あらすじ】

　時は、1870年代後半、明治維新直後の日本でのことである。政府は軍事力の近代化を図ろうと西洋式の戦術を取り入れることを決断し、もう一方では時代に合わない侍たちを一掃しようとしていた。

　その意図のもと、政府軍に西洋式の戦術を教えるために、南北戦争の英雄ネイサン・オールグレン大尉（トム・クルーズ）が来日する。かつては名誉と国のために命を懸けた男だったが、時代は急速に変わり南北戦争以降の数年間で、「実用主義」が「勇気」に、「利己主義」が「犠牲」に取って代わり、名誉等、どこにもなくなってしまった。失意で魂を失ってしまったオールグレンは、仕事のため西洋式の武器の使い方等を教え始めるが、ある時政府に反旗を翻す侍のひとり、勝元（渡辺謙）に出会った。不平士族の領袖である勝元にオールグレンは捕えられてしまうが勝元は彼を殺さず、妹のたか（小雪）に手当てをさせる。オールグレンは回復して、古きよき日本の人たちの生活の風景を目の当たりにする中、反乱軍＝サムライたちの精神世界に魅せられるようになってくる。勝元も、オールグレンにどこか不思議な魅力を感じ始めていた。サムライたちの揺るぎない信念に支えられた「サムライ魂」を感じ取った時、オールグレンは失いかけたかつての自分を思い出していく。

　日本で自分と同じ魂を見出したオールグレンは、信念に敢えて殉じようとする彼らと共に命を懸けて戦うことを決意するのであった。

【映画の背景】

　本作は、ハリウッドが長年の構想と巨額の製作費をかけ、日本の「サムライ・スピリット」に初めて、真っ向から取り組んだ記念碑的作品と言える。主演はハ

リウッドの大スター、トム・クルーズで、渡辺謙、真田広之、小雪といった豪華日本人キャストも、脇を固めるのではなく互角以上に演じている。トム・クルーズは「日本人魂」に魅せられた1人で、数々のヒット作がありながら、今回は普通の演技者としてではなく、人間的存在をすべてかけて打ち込んだという態度で取り組んだ。トムはインタビューの中で、「武士道精神はすごく魅力的だと思う。『情け』とか『語らずして行う』とかそういう考え方はすごく普遍的な何かがあると思うし、どんな年代に生きている人にとっても大事なことだ」と話している。サムライの哲学に世代や文化を超えた普遍性を感じていることが良く分かる。

【映画の見所】

　トム・クルーズ自身、最近の仕事に対するスタンスとして、心から尊敬でき本当に一緒に仕事をしたいと思う方々のみと仕事をするというポリシーを持っているとのことである。「今回、渡辺謙さんをはじめすべてのスタッフに心から尊敬と感謝の念を持つことができ、本当に幸せである」と言っている。トム・クルーズの熱い想いもこの映画では感じられる。

　日本の西欧化というような「歴史」を学ぶ以上に、武士道精神を基軸にした「ひとりの人間の精神がどのように変わり成長を遂げていくのか」を見ていただけるのが、この作品の見所である。

【推薦の理由】

　この作品は、1870年代後半の日本を舞台にした物語である。日本人の中には脈々と続いているサムライ・スピリットがあり、今も欧米で活躍する日本の男性が「サムライ」と称され「大和魂」に注目が集まっている。サムライ・スピリットをハリウッド的な捉え方ではなく、真正面から理解しようという姿勢で作られた作品であり、他の日本を描いた映画とは一線を画している。主演のトム・クルーズも「この作品に参加できて本当に嬉しい」と語っている点もお薦めの理由である。この映画から、もう一度日本人の生き方や考え方に触れて、日本人の根幹にあるものを是非、考察してほしい。

英語教育学的視点

【学習ポイント】

　この映画は、明治天皇が即位して近代日本が誕生した1870年代の頃を舞台に展開されている。特に、日本人の「武士道精神」がとてもよく分かる作品で、随所に日本人の習慣や考え方を学習できる場面がある。当時の「日本」という国を歴史的、精神的両面から理解するためにもここでは二つの場面を取り上げる。

　第一に、映画の冒頭では、古事記の一節（イザナミとイザナギの神が、剣で日本の国土を生成したと信じている人々の住む国）を引用する形で、日本の国柄を紹介している。**Narrator:** They say Japan was made by a sword. They say the old gods dipped a coral blade into the ocean and when they pulled it out, four perfect drops fell back into the sea and those drops became the islands of Japan. I say Japan was made by a handful of brave men warriors willing to give their lives for what seems to have become a forgotten word: Honor. (古の神が剣を海に浸け、それを引き上げると四つの滴が滴り落ちて、それが日本列島になったということを説明している。そして、日本を作ったのは一握りの勇敢な男たちで、彼らは今や忘れられたこの言葉に命を捧げた。「名誉」である)。つまり、ここでは日本史上、重要な「古事記」を引用しているので、先ず日本の成り立ちについて神話的観点から学習できる。また「サムライ」の「名誉」を例に挙げ、「武士道」こそが日本を作った精神的支柱であると指摘している。

　第二に、オールグレン大尉が日本に着いて、彼を案内するサイモン・グレアムに出会い、サイモンが日本の文化や歴史そして日本人の精神性について説明する場面がある。**Simon:** Twenty years ago, this was a sleepy little town. Now look at it. You see, the Emperor is mad for all things Western and the samurai believe it's changing too fast. The ancient and the modern are at war for the soul of Japan. So your new employer, Mr. Omura, is bringing in every Western expert he can get his hands on. Lawyers from France, engineers from Germany, architects from Holland and now, of course, warriors of America. I came over the British trade mission, oh, years ago. I was soon relieved of my position. I had rather unfortunate tendency to tell the truth in a country where no one ever says what they mean. So now, I very accurately translate other people's lies. サイモンの説明では、20年前までこの町は本当に寂れていたのが、天皇は性急に西欧化を叫び、サムライは性急すぎると怒っていて、日本は古い時代と新しい時代がせめぎ合っているそうである。実業家で大臣の大村はフランスから弁護士、ドイツからエンジニア、オランダから建築家、米国から軍人をというように手当たり次第に西欧の専門家を招き入れる。サイモン自身も数年前、英国貿易使節団についてきたのであるが、すぐにクビになった。誰も本音を言わない日本の風土の中で、ものを言いすぎたと述べている点から、日本と西欧の「ものの考え方」や「精神性」の違いを比較して学習することができる。

【英語の特徴】

1870年代後半、日本は性急に西欧化を望んでいる時代背景があり、米国をはじめ外国から専門家を招いている描写もあり、様々な英語を聞くことができる。それに付け加えて、明治天皇と謁見する場面では "The divine Emperor Meiji bids you welcome." 等、「礼」を尽くした場面の英語を学ぶこともできる。日本人の話す場面等、外国訛りも含め、世界語 (World Englishes) の観点から学習できる。

【印象的なセリフ】

（1）オールグレン大尉が日本に向かう船の中で、南北戦争と同様、反旗を翻した者の制圧に向かうという自分の人生の果たすべき仕事の役割を嘆いて述べる場面である。

　　Apparently, this is the only job for which I am suited. I am beset by the ironies of my life.

　　（どうやらこれが私の天職らしい。運命の導く道は皮肉なものなのだ）

（2）オールグレン大尉が日本に着いて、彼を案内するサイモン・グレアムが日本の様子を説明する場面である。

You see the Emperor is mad for all things Western and the samurai believe it's changing too fast. The ancient and the modern are at war for the soul of Japan.
（天皇は性急に西欧化を望み、サムライは「それは急すぎる」と怒っている。古い時代と近代とがせめぎ合っている）

（3）勝元とオールグレン大尉が桜を見ながら語り合う場面である。勝元はオールグレンに、侍とは何か武士道とは何かについて述べる。

Like these blossoms, we are all dying. To know life in every breath, every cup of tea, every life we take. The way of the warrior.
（これらの花のように、我々は皆死んでいく。一つ一つの呼吸に中に、茶器に、私たちが奪った者たちにある命を知ること。それが戦う者の生きる道だ）

【リスニング難易度】

この映画の特徴を9項目各5点満点（5「難」→1「易」）で評価している。

スピード	明瞭さ	米国訛	米国外訛	語彙	専門語	ジョーク	スラング	文法
3	3	4	3	3	3	3	2	2

人間教育学的視点

【発展学習】

日本の文化や歴史について映画の場面を用いて学習していくことができる。例えば、前述の冒頭のナレーターの最後で、**Narrator:** I say Japan was made by a handful of brave men warriors willing to give their lives for what seems to have become a forgotten word: Honor. という部分がある。日本を作ったのは勇敢な男たちであり、彼らは今や忘れられた「名誉」という言葉に命を捧げた人たちであるというサムライの精神性について述べられている。「武士道」について代表的な書物は、新渡戸稲造（1938）『武士道』（矢内原忠雄［訳］）である。ここの中で、義[Honesty and Justice]、礼[Polite Courtesy]、勇[Heroic Courage]、名誉[Honor]、仁[Compassion]、誠[Complete Sincerity]、忠[Duty and Loyalty]

について述べられているが、冒頭の部分はまさにこの中の、名誉［Honor］の部分についての言及である。このように、映画の中に出てくる様々な場面と新渡戸の『武士道』と照らし合わせて日本の歴史や日本人の精神性について学習することも可能である。

「武士道」とは行状や道徳、名誉に関して武士の規範を説いたものであるが、もう一点、参照したいのが武士道の神髄を初めて集成した書物として名高い、山本常朝著『葉隠』(1716) である。「武士道とは、死ぬ事と見付けたり」というこの書の冒頭は、死を探求することを意味しているわけではなく、主君への忠義と死を指していて、つまり、今日のみに生きて明日を思わないということを述べている。オールグレン大尉と勝元の会話の中で、**Katsumoto:** Like these blossoms we are all dying. To know life in every breath, every cup of tea, every life we take. The way of the warrior.　**Orgren:** Life in breath.　**Katsumoto:** That is Bushido. という場面がある。人も桜も生命がありいずれは散るという例えから、吐息の一つにも一杯のお茶にも1人の敵にも生命があり、いずれ死ぬということが武士道の考え方であると述べている。まさに『葉隠』にある「武士道」の精神である。勝元に同じ魂を見出したオールグレンは、信念に敢えて殉じようとする彼らと共に命を懸けて戦うことを決意する。

「こだわらない」という生き方は、日本人の精神構造に大きく作用している「無常」や「はかなさ」の精神であり、鈴木大拙著 *Zen Buddhism and its Influence on Japanese Culture* (1938) も参考にしながら、日本人の心に作用している「禅的なものの見方、考え方」について「武士道」と共に考察するならば、さらに発展的な学習を進めることができる。このことは、言語学の観点からも考察することができる。山梨 (2000: 11) では、「認知言語学のアプローチでは、日常言語の表現は、ミクロレベルからマクロレベルにいたるどのような要素であれ、主体が外部世界を解釈していく認知プロセスの反映として規定される。」と述べられているが、まさに、日本人のものの見方や諸外国の人のものの見方がその言語に反映されて、人間の生き方にも通じるのである。

18. ベスト・キッド
The Karate Kid
(1984年製作)

■ 映画の文化的・背景的視点

【あらすじ】

　母子家庭の高校生ダニエルは、母親の仕事の関係でカリフォルニアに引っ越してきた。ダニエルは転校した学校のチア・リーダーのアリと出会い、愛を感じるものの、かつて彼女のボーイフレンドだった上級生のジョニーに付け狙われ、さんざんいじめ抜かれる苦痛の日々が始まった。ジョニーはカラテの高校生チャンピオンで、「情け無用」を合言葉にしている暴力道場「コブラ会」に所属して日々腕を磨くタフガイだった。もやしのようにひょろ長くやせっぽちのダニエルに勝ち目はなく身も心も傷つき果てていたが、そんな彼の生活は沖縄出身の日系二世ミスター・ミヤギと出会ってから一変する。

　カラテの達人でもあるミヤギは、1.「絶対に喧嘩をしないこと」、2.「訓練方法について質問は一切しないこと」を条件に、カラテのコーチを引き受ける。ジョニーとの決着の場は、数カ月後のカラテ選手権大会になり、カラテの師としてまた人生の師として、まるで父と子にも似た強い友情の絆を2人は結んでいく。開始された特訓は、車のワックスがけに、床磨きやペンキ塗りと雑用ばかりで最初は戸惑うダニエルだったが、知らず知らずのうちにダニエルはカラテの基本動作とバランス感覚を身につけたのだった。

　ダニエルがミヤギから教わったのは、防御とバランス感覚のみで攻撃の型はゼロだったが、これこそカラテのすべてだと師は語りかける。ミヤギ、アリと母親が見守る中、トーナメントの日がやってきて運命の試合が始まった。

【映画の背景】

　この作品は、少年が日系人から教わるカラテを通して人間として大きく成長し

ていく三部作のストーリーの第一作目の作品である。その他には、ミヤギが少女にカラテを教える『ベスト・キッド4』(1994)と、2010年にジャッキー・チェンとジェイデン・スミスが出演しているリメイク版がある。この世界中で大ヒットした第一作目は、当初、ミスター・ミヤギ役を三船敏郎にオファーしたが断られたため、ノリユキ・パット・モリタが選ばれた。「戦わずして敵を征服することこそ最高の技である」とはカラテの父である船越義珍の言葉であるが、この映画で、師であるミスター・ミヤギが主人公ダニエルに教えたかったことはまさにこのことである。それはミヤギの「ケンカ、それ、いつも、問題を解決する最後の答えね」という言葉にも表現されている。

【映画の見所】

　カラテのトーナメント大会という一見スポーツ青春映画であるが、その奥底には、人生の生き方について師から日常の中のさりげない会話や行動を通して教わるという心あたたまるヒューマンストーリーがある。『ゴーストバスターズ』や『グレムリン』という大激戦が繰り広げられた1984年の全米夏興業で、若者を中心に一躍台風の眼になったのも頷ける。主演のラルフ・マッチオや彼女役のエリザベス・シュー（後に、映画『バック・トゥ・ザ・フューチャーⅡ・Ⅲ』に出演）のさわやかな演技もさることながら、沖縄出身の日系二世のミスター・ミヤギ役に扮し、米国映画の中で日本人の心情を体現したノリユキ・パット・モリタの演技はまさに圧巻でダニエルとミヤギのやり取りが、この映画の見所である。

【推薦の理由】

　繊細な少年ダニエルが、カラテを通して心身ともに鍛えながら人間として大きく成長していく過程を鮮やかに描いている青春エキサイティングドラマである。その過程で登場してくる人生最大の恩師である、日系二世のミスター・ミヤギとのやり取りがこの映画の中心で、心あたたまる人生のストーリーである。日本人魂を見事に描いた米国映画であり、日米の異文化理解の観点からも、大学生に推薦したい作品である。

英語教育学的視点

【学習ポイント】

　この映画では、先ず米国の高校生のダニエルと彼を取り巻く友人や母親との会話の中から、日本の高校までで学習するシンプルで日常的な英語表現を総復習することができる。例えば、母親との引っ越しの最初の数分の場面だけでも、"I'll be back soon."、"Don't worry about it."、"Take it easy."、"We made it."、"Do you know what that means?"、"Watch out for falling coconuts."、"Let me help you."、"My mom got a job with some company out here."、"I'd like to learn some." 等、多くの基本的な英語表現があるのですべて実用的なフレーズとして暗記できる。

　次に、同じシンプルな表現でも直訳すると分かりにくい、慣用表現や熟語的な表現を学習することもできる。ダニエルが母親に、"Yeah, sure." と簡単に答える場面があるが、口調をよく聞くと、本当は不満を表していることが分かる。この表現は使用法によっては相手を馬鹿にした答え方にもなり得る。このように、シンプルだけれども、言語使用法を押さえておくことは重要である。

　その他にも、"Give it all you got."（頑張って）、"Way to go."（やった。その調子）、"We made it."（やった、やり遂げた）、"This is it."（〔待ちかねていて〕これが、そうだ）、"You telling me."（〔皮肉で〕まったくだね）、"She has the hots for you."（彼女、君のこと好きだよ）、"Who could blame her?"（誰が彼女を責められるか→僕にイカレルのも当然だ）のように辞書的な意味だけでなく状況から本物の英語表現を、受信から発信レベルまで学習することができる。

　さらにこの映画では、ダニエルにとってカラテと人生の両方の師であるミヤギは至る所で人生にとって重要なことを教えてくれる。ミヤギが語る言葉はどれも格言的で、人生に関する英語表現を学習していくのには恰好の素材である。先ず、ダニエルがいじめっ子のジョニーに自転車を壊されてしまい、ミヤギが何も言わずに修理してくれたことへのお礼を言いに行く場面がある。この時ミヤギは盆栽をしながらダニエルと次のような会話をする。**Miyagi:** You like see, come inside. **Daniel:** Thanks. How did they get so small? **Miyagi:** I trim. Clip here, tie there.

Daniel: Where did you learn how, Japan?　Miyagi: Okinawa.　Daniel: Where's that?　Miyagi: My country. China here. Japan here. Okinawa here.　Daniel: Did you go to school for this?　Miyagi: Father teach.　Daniel: Was he a gardener?　Miyagi: Fisherman.　Daniel: These are really beautiful.　Miyagi: Come. You try.　Daniel: I don't know how.　Miyagi: Sit down.　Daniel: I may mess it up.　Miyagi: Close eye. Trust. Concentrate. Think only tree. Make a perfect picture down to last pine needle. Wipe your mind clean. Everything but tree. Nothing exists in whole world… only tree. You got it? Open eye. Remember picture?　Daniel: Yeah.　Miyagi: Make line picture. Just trust picture. ダニエルが盆栽に興味を示すとミヤギは「何も考えず木のことだけを思い、自分がイメージしたものを表現しなさい」と伝える。つまり簡潔な英語で盆栽の手ほどきをしながら「心の底から表れたものは常に正しい」ことを教えているのである。

【英語の特徴】

　主人公ダニエル少年と、彼の人生とカラテの師であるミスター・ミヤギとの会話が中心のスポーツドラマ映画なので英語は平易な部分が多いと言える。使用されている英語表現は、殆ど俗語や卑語もなく学習教材としては適しており、スピードや明瞭さに関しても適度である。他方、大学生にとってはダニエルや登場人物の英語と日系二世であるミヤギの英語を音声面や語彙の観点から比較して学習することもできる。

【印象的なセリフ】

（1）ダニエルが引っ越しで、車を押すのを手伝う時に母親が「頑張って」と励ます場面である。
　　Push, Daniel. Push! Give it all you got, kid.
　　（車を、押して、ダニエル。頑張って、力いっぱい）
（2）母親が引っ越し先のアパートに着いた日に、「新天地はいい」ということをダニエルに語りかける場面である。

I really think we're going to do good here. I have a very positive feeling.
（ここはきっと良いと思うわ。とても前向きな感じがするの）

（３）ミスター・ミヤギが、ダニエルの目を見て、気遣って尋ねている場面である。

Miyagi: What happened eye?（目はどうしたの？）
Daniel: I fell off my bike.（自転車で転んだんだ）
Miyagi: Lucky no hurt the hand.（手は大丈夫で良かったね）

ひどく目を怪我しているのを見てミヤギがダニエルを心配して、励ましている。

（４）ミスター・ミヤギがダニエルを助けた後に、話す重要な場面である。

Fighting always last answer to problem.
（暴力、それではいつも物事を解決することには決してならないんだ）

【リスニング難易度】

この映画の特徴を9項目各5点満点（5「難」→1「易」）で評価している。

スピード	明瞭さ	米国訛	米国外訛	語彙	専門語	ジョーク	スラング	文法
3	3	2	3	3	2	3	2	2

人間教育学的視点

【発展学習】

人生の師であるミヤギとの会話を中心に、英語学習と共に異文化理解学習の観点から考察して学習できる。先ず、ハロウィンパーティーの日にまたもジョニーたちがダニエルをいじめ、カラテでダニエルに大打撃を加えようとしたのをミヤギがカラテで助け、気を失ったダニエルをミヤギの部屋で介抱して、その後ダニエルが目を覚ます場面である。**Daniel:** How come you didn't tell me? **Miyagi:** Tell you what? **Daniel:** That you knew karate. **Miyagi:** You never ask. **Daniel:** Where'd you learn? **Miyagi:** Father. **Daniel:** I thought he was a fisherman. **Miyagi:** In Okinawa, all Miyagi know two thing: fish and karate.

Karate come from China, 16th century. Called "te," hand. Much later Miyagi ancestor call "karate" empty hand.　**Daniel:** I always thought it came from Buddhist temples.　**Miyagi:** You, too much TV.　**Daniel:** That's what my mother tells me.　**Daniel:** You ever taught anyone?　**Miyagi:** No.　**Daniel:** Would you?　**Miyagi:** Depend.　**Daniel:** On what?　**Miyagi:** Reason.　**Daniel:** How's revenge?　**Miyagi:** Daniel-san, you look revenge that way start by digging two grave.　**Daniel:** At least I have company.　**Miyagi:** Fighting always last answer to problem. 先ず、ダニエルはなぜミヤギがカラテをしていたことを教えてくれなかったのかを尋ねる。これに対し、ミヤギは You never ask. と端的に答える。日本文化の中に述べずに察することがある。彼の言動には、カラテに於ける「静」の真の意味が込められている。

　さらに、「空手」の意味を伝える。"empty hands" の、「から」という意味は何もないということではない。それは、ミヤギが述べているように防御こそカラテの神髄であり、防御が最大の攻撃につながることを意味する。最初ダニエルはこれがどういうことか分からないが、カラテの修行を積むうちに少しずつ理解していく。そしてこのことは禅的な「無」の概念にも繋がる。最後に「暴力は決して解決に至らない」ということを、ダニエルに教えているが、カラテが強くなるばかりでなく、真の強者とは人間性も優れていることをミヤギは伝えたかったのである。このように、外国語を学習することはスキルを高めた後にその国の文化や歴史を学ぶことに発展することが重要である。この映画には、2010年にジャッキー・チェンとジェイデン・スミス出演のリメイク版が作られた。いじめられっ子が一見変わった師匠から武術を教わるという部分はオリジナルと同じであるが、主人公が師から教わる武術が、カラテからカンフーに、舞台は中国になっている。本作品とリメイク版を比較しながら中国・米国・日本の文化について学習することも可能である。

19. モリー先生との火曜日
Tuesdays with Morrie （1999年製作）

■ 映画の文化的・背景的視点

【あらすじ】

　それはミッチ・アルボムが大学卒業後、16年ぶりの再会であった。スポーツコラムニストとして活躍するミッチは、ある夜、テレビで大学時代の恩師のモリー先生のインタビューを偶然目にして、先生が難病 ALS（筋萎縮性側索硬化症）に侵されていることを知る。モリー先生は自分の命があと数カ月であると分かっていながら、それを嘆き悲しむことよりも、人に助けられることを楽しんでいた。そして人生の意味について毎週火曜日にミッチに教える講義が始まる。

　モリー先生はミッチに自分が難病に侵されていることを説明した後に、自分のことを "I'm a lucky man." とも表現していて、人生に残された時間があることを幸せに感じている。つまり、病気になって嘆くのではなく、命に限りがあることを知れば残された人生を前向きに精一杯に生きていくことができ、またそうできることがいかに大切かをミッチに説いている。

　ミッチは毎週火曜日に恩師のモリー先生のところを訪ね、英語、数学、国語、社会という教科ではなく「愛、仕事、家族、子供、老い、許し、死」等という本当に人生にとって大切なものについて最後の授業を受ける。モリー先生の言葉の中で最も重要である、"When you know how to die, you know how to live."「人は、死に方さえ分かれば、生き方が分かる」という表現の本当の意味を、ミッチはモリー先生との対話を通して考える。そして、毎週火曜日の恩師の最後の授業のテーマは人生であり、ミッチは「本当の幸せとは何か」を学んでいく。

【映画の背景】

　この映画には原作があり、ジャーナリストのミッチ・アルボムによって書かれ

たノンフィクションである。難病 ALS（筋萎縮性側索硬化症）に侵されたブランダイス大学のモリー・シュワルツ教授が死を目前にして、かつての教え子であるミッチに贈った「最後の授業」を記録したものである。1997年に米国でベスト・セラーとなり、映画は1999年に米国で製作、ABCで放映された。また小説に関しては2007年、出版10周年を記念してアルボムが書いた後書きが掲載された新版が発売された。小説について述べると、最初の3章はミッチとモリー先生の最後の会話への導入、ミッチの卒業の振り返り、そして卒業から先生と再会するまでの経緯等が描かれている。

【映画の見所】

　ミッチはもともと、将来の夢はピアニストになることだったがその夢を諦めて、スポーツ・コラムニストとして成功した。『ナイトライン』というニュース番組でモリー先生のことが取り上げられているのを見かけて、先生の元を訪ねてみるとモリー先生は16年経っているにも関わらず、元学生のミッチのことを覚えていた。小説の原作を映画化したものではあるが、ジャック・レモンの迫真の演技もこの映画の見所の一つである。また、ミッチがモリー先生と毎週面会して、対話形式の授業を行うにつれて、ミッチの人生観がいかに変容していくか、言い換えるならばミッチがモリー先生との再会によってもう一度人生で最も大切なものが何であるかを見つけていく点が、この映画の最大の見所である。

【推薦の理由】

　主人公ミッチが、大学時代の恩師のモリー先生に16年ぶりに再会して、先生との対話を通して自分の人生観を見直していくヒューマンドラマである。何といっても実話の小説をテレビ映画化した作品でリアリティがあり、学習者が自分の生き方を再考するのにお薦めである。また、日米の異文化理解の観点に於いて、文化の多様性と同時に普遍性についても学ぶことができる作品で、教員や社会人そして大学生の学習者に推薦したい。

英語教育学的視点

【学習ポイント】

　この映画は、日々仕事に忙殺されている主人公ミッチが、16年ぶりに再会した大学時代の恩師との対話を通して、自分の人生観を見直し、人間的成長を遂げていくヒューマンドラマである。このことは、原作 *Tuesdays with Morrie* (Mitch Albom, 1997)の冒頭でも次のように書かれている。The last class of my old professor's life took place once a week in his house, by a window in the study where he could watch a small hibiscus plant shed its pink leaves. The class met on Tuesdays. It began after breakfast. The subject was The Meaning of Life. It was taught from experience. (1997: 1) つまり、毎週火曜日のモリー先生との授業のテーマは「人生の意味」で、先生の経験から語られる講義である。その意味に於いて、この映画の中でモリー先生が語る人生観に関する英語表現について、表意のみならず真意を理解することは大学生にとってとても良い学習になる。

　先ずモリー先生がALS(筋萎縮性側索硬化症)に侵されて、ABC放送のインタビューに答える場面を取り挙げる。モリー先生は、**Morrie:** I'm on the last great journey here, one we all gotta take. Maybe I can teach people what to pack for the trip. Or maybe my dying can be of value something we can all learn from like a human textbook. I've been a teacher all my life. You think I'm gonna quit now? と述べる。

　ここでは、モリー先生の「生きるとは何か」についての考えがよく反映されている。病に侵されていても人生最後の旅の話をしようとして、自分のことを肯定的に「生きた教科書」に例え、そこから多くの人々に学んでほしいと述べている。

　次にミッチが16年ぶりに久々にモリー先生に再会した時、自分の病状を説明した後で次のように述べる。**Morrie:** Someday soon somebody's gonna have to wipe my ass for me. But I'm a lucky man.　**Mitch:** You're lucky?　**Morrie:** Yeah. I've still got time to learn, time to say good-bye to the people I love and time to teach my final course.　**Mitch:** About dying?　**Morrie:** Not about dying! About living! When you know how to die, you know how to live. ALSによって身体が動かなくなり、誰かに下の世話をしてもらわなければならないが、モリー先生はそのことも含めて「幸せだ」と言っている。人に依存できること、さらに、まだ学ぶことも、愛する者にも別れを告げることも、最後のコースを講義することもでき、それがいかに幸せかということを述べている。それは、「死」ではなく、「生」についての見解である。また、ミッチはモリー先生との最後の会話で、どうしても先生の「死」を受け入れられず、別れが悲しいと感じていることを伝えると、モリー先生は、Death ends a life, not a relationship. と答える。死によって人生は途切れるが、決して絆は途切れないと断言しているのだ。この他にも様々な場面でモリー先生は人生の教えを口にするが、そのすべてが前向きに生きることそして人生はものの捉え方次第であることをミッチに教えている。

【英語の特徴】

　主人公ミッチはスポーツ・コラムニストで、彼の歯切れのよい英語は滑舌もよく聞き取りやすい。また、モリー先生は大学の先生らしくゆっくりと丁寧に話してくれる。使用されている英語表現は、殆ど俗語や卑語もなく学習教材として適している。他方、大学生にとってはミッチのスピード感あふれる英語はリスニングの学習にも適しており、モリー先生の比喩を使用した人生の格言的な英語表現は奥深くとても勉強になる。

【印象的なセリフ】

（1）ミッチがジャニーンに、モリー先生がバスケットボールの試合で発した言葉について説明する場面である。
　　What's wrong with being number two? (ナンバー2じゃだめなのか？)
（2）大学時代にモリー先生が沈黙の重要性について語ったことを、ミッチがモリー先生に話す場面である。
　　You were making a point about silence.
　（先生は、沈黙の意味について教えてくれた）

（3）モリー先生がミッチに自分の病気のことを説明して、自分のこれからの前向きな生き方について語る場面である。

When you know how to die, you know how to live.
（死に方さえ分かれば、どう生きたらよいのか分かる）

（4）ミッチとモリー先生が久しぶりに大学のキャンパスを訪れている。学生が試験のために一生懸命勉強しているところで、先生が学生に向かって人生で大切なことを教えようとしている場面である。

Throw down your books! You have nothing to lose but your grades.
（本を捨ててしまえ。成績なんかなんてことはない）

（5）ミッチがモリー先生に、恋人ジャニーンとの関係について相談した時にモリー先生が語る場面である。

Love is the only rational act. Let it come in.
（愛は、唯一理にかなった行動だ。素直に受け入れろ）

【リスニング難易度】

この映画の特徴を9項目各5点満点（5「難」→1「易」）で評価している。

スピード	明瞭さ	米国訛	米国外訛	語彙	専門語	ジョーク	スラング	文法
2	3	3	3	3	2	3	2	2

人間教育学的視点

【発展学習】

　モリー先生とミッチやそのまわりの登場人物との会話から、大学生が「人生とは何か、生や死とは何か」を考えながら英語を学習することができる。また、主人公ミッチがこれまでの自分の人生をもう一度問いかけることを学ぶ姿から、「自分の人生を前向きに生きることの大切さ」や「ものの捉え方」についても考えることができる。前述の「学習ポイント」で挙げた場面の他にも、義母との関係、父との関係、恋人ジャニーンとの関係等で出てくるモリー先生の英語表現につい

て、考察を深めることができる。

　また、この映画には、人生の師であるモリー先生と主人公ミッチとの会話を中心に英語学習と共に異文化理解学習に適した場面がある。ミッチが介護士のコニーに教えてもらいながら、モリー先生を抱きかかえて椅子に移動して会話をするところである。モリー先生はミッチに、次のように語る。**Morrie:** Don't look so sad because I'm gonna die, Mitch. Everybody's gonna die even you. But most people don't believe it. They should have a bird on their shoulder. That's what the Buddhists do. Just imagine a little bird on your shoulder and every day you say, "Is this the day I'm gonna die, little bird? Huh? Am I ready? Am I leading the life I want to lead? Am I the person that I want to be?" If we accept the fact that we can die at any time, we'd lead our lives differently. So every day you say, "Is this the day?"　**Mitch:** Hmm? One second. One second. Okay, go ahead.　**Morrie:** If you did have a bird on your shoulder, you wouldn't put off the things closest to your heart. モリー先生は、「人は必ず死ぬからそんなに悲しそうな顔をしないで」とミッチに諭す。また仏教的な考えから引用して、「肩の鳥に尋ねなさい」と言う。これは、肩のところに止まっている鳥に「死ぬ日は今日ですか？」と聞きなさいということである。しかし、これは「いつ死ぬかを尋ねなさい」という悲観的な考えではなく、「悔いのない人生を送ること」や「自分が望む人間になる」ことを確認しなさい、つまり「死ぬ覚悟ができていれば人生は変わる」というとても積極的で、前向きな考え方である。この考えは、仏教的に言う「無常」や「はかなさ」をただ悲しいものとして捉えるのではなく、客観的に捉えたうえで前向きに生きることにつながる考え方と同様である。文化を超えてモリー先生は人生の前向きな捉え方や生き方を表現していて、学習者はモリー先生の生き方から自分の人生について考察することができる。

20. リロ&スティッチ
Lilo & Stitch　　　　　　　　　　　　　（2002年製作）

映画の文化的・背景的視点

【あらすじ】

　ハワイのカウアイ島を舞台に、親のない5歳の少女リロと破壊することしか知らなかったエイリアンの出会いと交流を描いた物語である。カウアイ島に住む少女リロは、両親を亡くし、姉のナニと二人暮しであった。友達のいないリロのために姉のナニは風変わりな犬を飼うことにして、リロはその犬をスティッチと名付けることにする。スティッチはリロが出会った初めての友達である。しかし、その犬は凶暴でものを破壊してばかりいる。実は、リロが選んだのは犬ではなく、宇宙の遥か彼方、銀河連邦本部トゥーロ星でジャンバ博士が行った遺伝子実験によって生み出されたエイリアン、試作品626号だったのだ。破壊することしか知らなかったスティッチだったが、リロにオハナ（ハワイ語で家族）という言葉を教わったことをきっかけに、心に何かが芽生え始める。しかし、スティッチを捕らえるためやってきた追手が迫ってくる。果たしてリロとスティッチの運命はいかに。

【映画の背景】

　映画『リロ&スティッチ』は2002年のディズニーによるアニメーション作品である。日本では、2003年3月8日に公開されたが、日米共に予想以上の大ヒットとなる。その後、続編やテレビシリーズ、そして多くのキャラクターグッズも製作され、一連のスティッチ・シリーズとなる原点の映画である。主人公のリロが、伝説的なミュージシャンであるエルヴィス・プレスリーのファンであることから、劇中音楽には多くのエルヴィス・プレスリーの楽曲が使用されている。また、この映画の中では、有名な名曲「アロハ・オエ」(1895)をはじめとして、多数

のハワイアン・ミュージックを随所で楽しむことができる。

【映画の見所】

　この映画のテーマは、「家族」である。「オハナは家族、家族はいつもそばにいる。何があっても」という意味であるが、この「家族」とはこの作品の中では、両親や兄弟だけではなく、友達、仲間、恋人、近所の人と、周りのすべての人を意味する。作品の中では、主人公のリロやスティッチをはじめ、リロの姉のナニ、その恋人のデイビッド等様々なキャラクターが登場する。リロを造ったジャンバ・ジュキーバ博士や博士の監視役のウエンディ・プリークリーや福祉局員のコブラ・バブルスそして議長までも、リロとスティッチの周りのすべてのキャラクターが、喧嘩をしたり時には争ったりもしながら助け合いの精神を持っている。日々の生活の中で、とかく忘れがちな周りの人への思いやりを再考させてくれるのもこの映画の最大の見所である。

　また、様々な場面の中でハワイの文化に触れることができる。例えば、冒頭では、「フラダンス」のシーンがあり、リロが生活している自然がとても美しく「庭園の島」と呼ばれているカウアイ島や「サーフィン」、そして映画の後半では、ハワイ島の「火山」が出てくる。このように、アニメーション映画であるが、異文化理解の観点からもこの映画は見所が多くある。

【推薦の理由】

　前述したように、この作品のテーマは、「家族」であり、普段の生活で忘れがちな周りの人への感謝や尊敬の念や、家族の大切さをこの映画から再考することができる。従って、アニメーション映画であるので子供たちは勿論のこと、日々の生活で多忙な大学生や社会人にも推薦したい。また、周りの人への思いやりや配慮というのは、この映画のテーマのみならず、ハワイに住む人々の生活の中から現れていると言える。つまり、ハワイにはこれまでの歴史や文化の中で、「すべてを寛容に受け入れて、周りの人に思いやりと尊敬の念を持って接する」精神、即ち「アロハの精神」が存在している。

そして、ハワイの人が持つ「アロハの精神」について学習することができるのも、この映画を推薦したい理由である。

英語教育学的視点

【学習ポイント】

　第一に、5歳のリロとその周りの人が話す会話の中から、シンプルで日常的な英語表現を総復習することができる。例えば、最初のフラダンスの場面での先生との数分の会話だけでも、"Lilo, why are you all wet?"、"It's sandwich day."、"And today we were out of peanut butter."、"Do you know what tuna is?"、"It's fish."、"I'm late because I had to go to the store and get peanut butter."、"Everybody calm down!"、"I want to dance." 等、多くの基本的な英語表現があるのですべて実用的なフレーズとして暗記できる。

　第二に、この映画を観てハワイについて興味を持ち、それに関連した文章を読むことによって、ハワイに関する文化や歴史を学習することができる。前述のフラダンスの場面を例に挙げて学習方法を述べる。Craig Alan Volker 博士と異文化学習と外国語学習ができる *Internet Surfing: Hawaiʻi* (Craig Alan Volker and Takayuki Hoko, 2001, Sankeisha) という教材を作成した。この教材は、ハワイを題材にして、文化・歴史・教育等について英語で学習できるようなリーディング教材である。その第9章、"Hula: our living culture" から引用する。Perhaps one of the most famous images of Hawaiʻi is of beautiful women dancing the hula in their grass skirts. Like so many images we have of another culture, it is the truth, but not the entire truth.

　While most people outside Polynesia think of the hula as just a sexy dance with women shaking their hips, the origin of hula is very spiritual. Ancient Hawaiians had no writing system, so important information and historical accounts were chanted. Dancers accompanied the chanting, with each motion of their hands or body having a meaning that reinforced the meaning of the song being sung. Men as well as women danced the hula, which linked sensuality with spirituality and knowledge. (Craig and Takayuki, 2001: 34) つまり、観光地としてハワイを理解していた時に抱いていた女性が躍るフラダンスのみではなく、フラダンスの歴史や本来の spiritual な側面ついて深く学習することが可能である。

また、この映画には「カウアイ島」や「ハワイ島」とハワイの島々が出てくるので、前述の Internet Surfing: Hawai'i の第3章、"Which is your favorite island?" を利用して、The biggest island, Hawai'i, is, not surprisingly, often called the Big Island. It has more land than all of the rest of the islands combined. It is also the one island that is still growing—because of active volcanoes on the island, lava is still flowing into the ocean, making the island grow a little larger every year. The Big Island is the home of Volcanoes National Park and the famous King Ranch, with many paniolos, or Hawaiian cowboys. (Craig and Takayuki, 2001: 10)

Kaua'i is often called the Garden Isle. It has the rainiest spot in the United States, as well as a beautiful canyon that reminds many people of the Grand Canyon on the Mainland. Its rugged interior draws many people who love nature. (Craig and Takayuki, 2001: 11) ハワイ島にいつも噴火している火山国立公園があることや、カウアイ島がなぜ「庭園の島」と呼ばれているかを理解して学習することもできる。

【英語の特徴】

主人公リロとスティッチと周りのキャラクターとの会話が中心のアニメーション映画なので、基本的に英語は平易な部分が多い。使用されている英語表現も、俗語や卑語もなく学習教材としては適していてスピードや明瞭さに関しても適度である。他方、最初の議長が法廷で話す場面等、若干、専門性の高い英語が使用されている場面もある。学習者にとっては、リロと議長が話す英語の使用語彙の観点から比較して学習することもできる。また、スティッチの成長と共に彼の使う英語表現が変化していくことも特徴として挙げられる。

【印象的なセリフ】

（1）フラダンスの先生に叱られた時に、リロが言う場面である。

I just want to dance. I practiced.（私はただ踊りが好きなの。頑張るから）

（2）流れ星を見てリロが願い事をする場面である。

I need someone to be my friend. Someone who won't run away.
（友達がほしいの。ずっとそばにいる友達がほしい）

（3）リロが連れ去られた時に、姉のナニが言う場面である。

Bring her back.（妹を連れ戻して）

（4）スティッチが捕まった時に、リロがナニに語りかける場面である。

O'hana means family. Family means nobody gets left behind. Or forgotten.
（オハナは家族。家族はそばにいる。何があっても）

（5）議長がスティッチを連れて帰ろうとした時コブラが言う場面である。

Aliens are all about rules.（エイリアンはルールを大事にする）

【リスニング難易度】

この映画の特徴を9項目各5点満点（5「難」→1「易」）で評価している。

スピード	明瞭さ	米国訛	米国外訛	語彙	専門語	ジョーク	スラング	文法
3	3	3	3	3	2	3	2	2

■ 人間教育学的視点

【発展学習】

　この映画の最大のテーマは、前述したように、O'hana means family. Family means nobody gets left behind. Or forgotten.（オハナは家族。家族はそばにいる。何があっても）である。この「家族」とは、血縁関係にある家族のみならず、すべての周りの人々を示す。これは、ハワイの人々には人にやさしく接する態度、つまり「アロハの精神」が宿っていることに由来する。この作品と共に「アロハの精神」について学習することにより、ハワイの人々の生き方の根底にある精神につ

いて理解することができる。前述の Craig Alan Volker and Takayuki Hoko(2001) の第2章、"What is aloha" より引用する。Of course, there are many areas with different ethnic groups living side by side. But what makes Hawai'i unique is its aloha. "Aloha" is a Polynesian word that we hear everywhere in the Islands. "Aloha" is the feeling that comes from the heart that a true human being has for all the people in the world. "Aloha" is a word we hear in church on a Sunday when the preacher talks of God. "Aloha" is a word we use to describe a person who has been kind to us. "Aloha" is what our mothers and fathers show us when they hug us before going to bed. "Aloha" makes us smile and offer food when we see a stranger coming to our house. "Aloha" is what urges us to put lei flowers around our friends' necks on their birthdays. "Aloha" is the word we say to our friends when we see them and when we leave them. Without aloha there is no real life.（Craig and Takayuki, 2001: 6）つまり、ハワイでは多種多様な人種が生活しているが、皆仲良く喧嘩もせずに暮らしている。ハワイの人々が「アロハの精神」を持っているからである。この「アロハ」とは元来、ポリネシア語に由来しているが、人にやさしく接する態度を意味し、人間本来が持っている心から湧き出る言葉である。教会や家庭、誕生日や挨拶等あらゆる場所や場面で、「アロハ」という言葉が飛び交うが、すべて周りの人を思いやった表現である。

　多くの異なった民族グループが構成するハワイの人々は、"the golden people" と呼ばれることがある。この「黄金の人々」とは、ハワイでは人種の垣根を越え誰もが助け合って生きている様を賞賛した呼び名で、これは地球上の人々がお手本として目指すべき姿である。沖田（1997）では、教育学の観点からハワイ日系移民の歴史について述べられているが、日系人が様々な葛藤がありながらもハワイ文化と融合していく様子が分かる。リロとスティッチを取り巻くすべてのキャラクターが温かく彼らを見守る様子が良く分かり、最後の場面でも議長とバブルスが考えて、スティッチを地球に残すことを決める等、温かいシーンが多数ある。この映画から、日々の生活の中で忘れがちな人間本来の生き方を改めて考察することができる。

むすび「映画英語学習の発展の可能性」

　本書では高等教育機関で長年、英語教育に携わってきた筆者が映画を利用した英語学習と共に、人間の生き方にも繋がる20作品について論じた。

　第一に、映画の文化的背景を知り映画の内容を把握したうえで、第二に、英語教育の観点から英語学習について理解して、第三に、人間理解への発展に繋げることができる。外国語を学ぶことは、最終的には人の生き方を学ぶことになる。その中で、「一目で状況が分かりやすい」映画を利用することで、学習者が教わることから主体的に学習することへの教育のパラダイム転換も図ることができる。これまで、映画の中に出てくる、登場人物の印象的なセリフ等を利用して英語学習として英語表現を覚えることからスタートして、さらに映画の場面からその登場人物の生き方や人生観までも学習することに発展していくことについて考察してきた。

　最後に、映画英語を利用したさらなる発展的学習の可能性について論じたい。第15章『アンドリュー NDR114』で前述したように、登場人物のその映画での生き方を理解するばかりでなく、初めに俳優について人物の特性を理解したうえで、その俳優が出演している映画等を利用して学習を進める方法がある。映画俳優 Michael J. Fox（1961年カナダ・アルバータ州に生まれ、本名は Michael Andrew Fox であったが後に現在の名前になった）について筆者が作成した教材を例に挙げて述べる。

　He started acting on Canadian television when he was 15 years old. He never liked the name Andrew. But to register as an actor in the United States he couldn't use the same name as another actor, so he added "J."

　With his new name he acted in many American television shows and movies. One of his most famous roles was in the three *Back to the Future* movies. Among his other films are *Bright Lights, Big City, Casualties of War,* and *The Frighteners.*

　In 1990 he learned he had Parkinson's disease. This was very hard for him to accept, but in 1998 he told his fans about his disease. He started the Michael J.

Fox Foundation to research ways of fighting Parkinson's disease. He supports politicians who are in favor of stem cell research against this disease. For this work he has received many awards. Takayuki Hoko et al. (2013: 37)

　マイケル・J・フォックスは、同名俳優が既にいたことから、アンドリューの代わりに「J」の字を付けた。その後、映画『バック・トゥ・ザ・フューチャー』シリーズの主人公マーティ・マクフライを演じ、同シリーズが大ヒットしたが、1990年に自分がパーキンソン病だと分かった。様々な葛藤もあったため、1998年になってから初めてファンに病気のことを公表した。しかし、この困難な経験から彼は、マイケル・J・フォックス財団というこの病気について研究するための機関を設立した。様々な経験を通して人生を克服した様子がよく分かる。彼は、病気になってから 2002 年に *Lucky Man* という本を書くが、絶えざる苦悩を経験してこの病気のことを「贈り物」と思い、この経験により自分が「ラッキーマン」であるという心境に至ったことを述べている。この本を読むことで、さらに彼の人生観をよく理解することができる。

　マイケル・J・フォックスの人生観や生き方も理解したうえで、前述の映画『バック・トゥ・ザ・フューチャー』(1985) に出てくる有名なセリフ、"If you put your mind to it, you can accomplish anything."（為せば成る何事も）を聞くと、この映画の中で主人公マーティの人間的成長を理解するのみでなく、高校生役を演じたマイケル・J・フォックスの人物像も考えながら、より深くこのセリフのことを学習することができる。

　このように、俳優についてその人物の特性や生き方や価値観を予め学習したうえで、その俳優が出演している映画を利用して学習することで、その俳優の人生観とその映画で演じている役柄での人生観とも比較対照して考察することが可能である。このように人間理解という観点から考察することは、映画を利用した学習をさらに発展させる新しい可能性に繋がる。

映画情報

2019 年 9 月現在

第 1 章　きみがくれた未来
Charlie St. Cloud

【映画情報】

製　作　年：2010年
製作会社：Universal Pictures 他
公　開　日：2010年　7月30日（米）
　　　　　　2010年12月23日（日）
上映時間：99分
年齢制限：PG-13（米）、G（日）
ジャンル：ドラマ、ファンタジー、恋愛
興行収入：4,819万704ドル（世界）

【スタッフ＆キャスト】

監督：バー・スティアーズ
脚本：クレイグ・ピアース 他
製作：マーク・プラット
原作：ベン・シャーウッド
チャーリー：ザック・エフロン
サム：チャーリー・ターハン
テス：アマンダ・クルー
クレア：キム・ベイシンガー

第 2 章　家族の庭
Another Year

【映画情報】

製　作　年：2010年
製作会社：Thin Man Films 他
公　開　日：2010年12月29日（米）
　　　　　　2011年11月　5日（日）
上映時間：130分
年齢制限：PG-13（米）、G（日）
ジャンル：コメディ、ドラマ
ノミネート：第83回アカデミー脚本賞

【スタッフ＆キャスト】

監督：マイク・リー
脚本：マイク・リー
製作：ジョージナ・ロウ
編集：ジョン・グレゴリー
トム：ジム・ブロードベント
ジェリー：ルース・シーン
メアリー：レスリー・マンヴィル
ケン：ピーター・ワイト

第3章 人生の特等席
Trouble with the Curve

【映画情報】
- 製作年：2012年
- 製作会社：Warner Bros. 他
- 公開日：2012年 9月21日（米）
  2012年11月23日（日）
- 時間：111分
- 年齢制限：PG-13（米）、G（日）
- ジャンル：ドラマ、スポーツ
- 興行収入：4,896万3,137ドル（世界）

【スタッフ＆キャスト】
- 監督：ロバート・ロレンツ
- 脚本：ランディ・ブラウン
- 製作：ロバート・ロレンツ 他
- 編集：ジョエル・コックス 他
- ガス：クリント・イーストウッド
- ミッキー：エイミー・アダムス
- ジョニー：ジャスティン・ティンバーレイク
- ピート：ジョン・グッドマン

第4章 LIFE! / ライフ
The Secret Life of Walter Mitty

【映画情報】
- 製作年：2013年
- 製作会社：Twentieth Century Fox 他
- 公開日：2013年12月25日（米）
  2014年 3月19日（日）
- 上映時間：115分
- 年齢制限：PG（米）、G（日）
- ジャンル：コメディ、ドラマ、ファンタジー、恋愛
- 興行収入：1億8,813万3,322ドル（世界）

【スタッフ＆キャスト】
- 監督：ベン・スティラー
- 脚本：スティーヴン・コンラッド
- 製作：ベン・スティラー 他
- 原作：ジェームズ・サーバー
- ウォルター・ミティ：ベン・スティラー
- ショーン・オコンネル：ショーン・ペン
- シェリル・メルホフ：クリステン・ウィグ
- エドナ・ミティ：シャーリー・マクレーン

第5章 天国は、ほんとうにある
Heaven Is for Real

【映画情報】
- 製作年：2014年
- 製作会社：TriStar Pictures 他
- 公開日：2014年 4月16日（米）
  2014年12月13日（日）
- 上映時間：99分
- 年齢制限：PG（米）、G（日）
- ジャンル：伝記、ドラマ、家族
- 興行収入：1億133万2,962ドル（世界）

【スタッフ＆キャスト】
- 監督：ランドール・ウォレス
- 脚本：ランドール・ウォレス 他
- 製作：ジョー・ロス 他
- 原作：トッド・バーポ 他
- トッド・バーポ：グレッグ・キニア
- ソーニャ・バーポ：ケリー・ライリー
- ジェイ・ウィルキンス：トーマス・ヘイデン・チャーチ
- コルトン・バーポ：コナー・コラム

第6章　ミニオンズ
Minions

【映画情報】

製　作　年：2015年
製作会社：Illumination Entertainment 他
公　開　日：2015年　7月10日（米）
　　　　　　2015年　7月31日（日）
上映時間：91分
年齢制限：PG（米）、G（日）
ジャンル：アニメ、冒険、コメディ、家族 他
興行収入：11億5,939万8,397ドル（世界）

【スタッフ&キャスト】

監督：カイル・バルダ 他
脚本：ブライアン・リンチ
製作：ジャネット・ヒーリー 他
編集：クレア・ドッジソン
スカーレット・オーバーキル：サンドラ・ブロック
ハーブ・オーバーキル：ジョン・ハム
ウォルター・ネルソン：マイケル・キートン
マージ・ネルソン：アリソン・ジャネイ

第7章　しあわせはどこにある
Hector and the Search for Happiness

【映画情報】

製　作　年：2014年
製作会社：Egoli Tossell Film 他
公　開　日：2014年　9月19日（米）
　　　　　　2015年　6月13日（日）
上映時間：119分
年齢制限：R（米）、G（日）
ジャンル：冒険、コメディ、ドラマ
興行収入：595万2,549ドル（世界）

【スタッフ&キャスト】

監督：ピーター・チェルソム
脚本：マリア・フォン・ヘランド 他
製作：フィル・ハント 他
原作：フランソワ・ルロール
ヘクター：サイモン・ペッグ
クララ：ロザムンド・パイク
アグネス：トニ・コレット
コアマン教授：クリストファー・プラマー

第8章　しあわせへのまわり道
Learning to Drive

【映画情報】

製　作　年：2014年
製作会社：Broad Green Pictures 他
公　開　日：2015年　8月21日（米）
　　　　　　2015年　8月28日（日）
上映時間：90分
年齢制限：R（米）、PG12（日）
ジャンル：コメディ、ドラマ、恋愛
興行収入：596万7,516ドル（世界）

【スタッフ&キャスト】

監督：イザベル・コイシェ
脚本：サラ・ケルノチャン
製作：ダナ・フリードマン 他
編集：セルマ・スクーンメイカー 他
ウェンディ：パトリシア・クラークソン
ダルワーン：ベン・キングズレー
テッド：ジェイク・ウェバー
ジャスリーン：サリター・チョウドリー

第9章 スター・ウォーズ / フォースの覚醒
Star Wars: the Force Awakens

【映画情報】
製 作 年：2015年
製作会社：Lucasfilm 他
公 開 日：2015年 12月 18日（米）
　　　　　2015年 12月 18日（日）
上映時間：136分
年齢制限：PG-13（米）、G（日）
ジャンル：アクション、冒険、SF
ノミネート：第88回アカデミー編集賞他4部門

【スタッフ＆キャスト】
監督：J・J・エイブラムス
脚本：ローレンス・カスダン 他
製作：キャスリーン・ケネディ 他
編集：メアリー・ジョー・マーキー 他
ハン・ソロ：ハリソン・フォード
ルーク・スカイウォーカー：マーク・ハミル
レイア・オーガナ：キャリー・フィッシャー
カイロ・レン：アダム・ドライバー

第10章 ゴーストバスターズ
Ghostbusters

【映画情報】
製 作 年：2016年
製作会社：Columbia Pictures 他
公 開 日：2016年 7月15日（米）
　　　　　2016年 8月11日（日）
上映時間：116分
年齢制限：PG-13（米）、G（日）
ジャンル：アクション、コメディ、ファンタジー、SF
興行収入：2億2,914万7,509ドル（世界）

【スタッフ＆キャスト】
監督：ポール・フェイグ
脚本：ポール・フェイグ 他
製作：アイヴァン・ライトマン 他
編集：ブレント・ホワイト 他
アビー・イェーツ：メリッサ・マッカーシー
エリン・ギルバート：クリステン・ウィグ
ジリアン・ホルツマン：ケイト・マッキノン
パティ・トラン：レスリー・ジョーンズ

第11章 コンカッション
Concussion

【映画情報】
製 作 年：2015年
製作会社：LStar Capital 他
公 開 日：2015年 12月25日（米）
　　　　　2016年 10月29日（日）
上映時間：122分
年齢制限：PG-13（米）、G（日）
ジャンル：伝記、ドラマ、スポーツ
興行収入：4,862万3,572ドル（世界）

【スタッフ＆キャスト】
監督：ピーター・ランデズマン
脚本：ピーター・ランデズマン
製作：リドリー・スコット 他
編集：ウィリアム・ゴールデンバーグ
ベネット・オマル医師：ウィル・スミス
ジュリアン・ベイルズ医師：アレック・ボールドウィン
プリマ・ムティソ：ググ・ンバータ＝ロー
エリオット・ペルマン医師：ポール・ライザー

第12章 ローグ・ワン / スター・ウォーズ・ストーリー
Rogue One: A Star Wars Story

【映画情報】
製 作 年：2016年
製作会社：Lucasfilm
公 開 日：2016年 12月 16日（米）
　　　　　2016年 12月 16日（日）
上映時間：134分
年齢制限：PG-13（米）、G（日）
ジャンル：アクション、冒険、SF
ノミネート：第89回アカデミー視覚効果賞他1部門

【スタッフ＆キャスト】
監督：ギャレス・エドワーズ
脚本：クリス・ワイツ 他
製作：キャスリーン・ケネディ 他
編集：ジャベス・オルセン他
ジン・アーソ：フェリシティ・ジョーンズ
キャシアン・アンドー：ディエゴ・ルナ
オーソン・クレニック：ベン・メンデルソーン
チアルート・イムウェ：ドニー・イェン

第13章 スター・ウォーズ / 最後のジェダイ
Star Wars: The Last Jedi

【映画情報】
製 作 年：2017年
製作会社：Lucasfilm 他
公 開 日：2017年 12月 15日（米）
　　　　　2017年 12月 15日（日）
上映時間：152分
年齢制限：PG-13（米）、G（日）
ジャンル：アクション、冒険、ファンタジー、SF
ノミネート：第90回アカデミー作曲賞他3部門

【スタッフ＆キャスト】
監督：ライアン・ジョンソン
脚本：ライアン・ジョンソン
製作：キャスリーン・ケネディ 他
編集：ボブ・ダクセイ
ルーク・スカイウォーカー：マーク・ハミル
レイア・オーガナ：キャリー・フィッシャー
カイロ・レン：アダム・ドライバー
レイ：デイジー・リドリー

第14章 ハン・ソロ / スター・ウォーズ・ストーリー
Solo: A Star Wars Story

【映画情報】
製 作 年：2018年
製作会社：Lucasfilm 他
公 開 日：2018年　5月 25日（米）
　　　　　2018年　6月 29日（日）
上映時間：135分
年齢制限：PG-13（米）、G（日）
ジャンル：アクション、冒険、ファンタジー、SF
ノミネート：第91回アカデミー視覚効果賞

【スタッフ＆キャスト】
監督：ロン・ハワード
脚本：ジョナサン・カスダン 他
製作：キャスリーン・ケネディ 他
編集：ピエトロ・スカリア
ハン・ソロ：オールデン・エアエンライク
ベケット：ウディ・ハレルソン
キーラ：エミリア・クラーク
ランド・カルリジアン：ドナルド・グローヴァー

第15章　アンドリュー NDR114
Bicentennial Man

【映画情報】

製　作　年：1999年
製作会社：1492 Pictures 他
公　開　日：1999年 12月 17日（米）
　　　　　　2000年　5月 13日（日）
上映時間：132分
年齢制限：PG（米）
ジャンル：コメディ、ドラマ、SF
ノミネート：第72回アカデミーメイクアップ賞

【スタッフ&キャスト】

監督：クリス・コロンバス
脚本：ニコラス・カザン
製作：ゲイル・カッツ 他
原作：アイザック・アシモフ
アンドリュー：ロビン・ウィリアムズ
リチャード・マーティン：サム・ニール
ルパート・バーンズ：オリバー・プラット
リチャードの妻：ウェンディ・クルーソン

第16章　フィールド・オブ・ドリームス
Field of Dreams

【映画情報】

製　作　年：1989年
製作会社：Gordon Company
公　開　日：1989年　4月 21日（米）
　　　　　　1990年　3月　3日（日）
上映時間：106分
年齢制限：PG（米）、G（日）
ジャンル：ドラマ、家族、ファンタジー、スポーツ
ノミネート：第62回アカデミー作品賞他2部門

【スタッフ&キャスト】

監督：フィル・アルデン・ロビンソン
脚本：フィル・アルデン・ロビンソン
製作：ローレンス・ゴードン 他
原作：W・P・キンセラ
レイ・キンセラ：ケビン・コスナー
アニー・キンセラ：エイミー・マディガン
テレンス・マン：ジェームズ・アール・ジョーンズ
ジョン・キンセラ：ドワイヤー・ブラウン

第17章　ラスト サムライ
The Last Samurai

【映画情報】

製　作　年：2003年
製作会社：Warner Bros. 他
公　開　日：2003年 12月　5日（米）
　　　　　　2003年 12月　6日（日）
上映時間：154分
年齢制限：R（米）
ジャンル：アクション、ドラマ、戦争
ノミネート：第76回アカデミー助演男優賞他3部門

【スタッフ&キャスト】

監督：エドワード・ズウィック
脚本：エドワード・ズウィック 他
製作：エドワード・ズウィック 他
原作：ジョン・ローガン
ネイサン・オールグレン：トム・クルーズ
ゼブロン・ガント：ビリー・コノリー
バグリー大佐：トニー・ゴールドウィン
勝元：渡辺謙

第18章　ベスト・キッド
The Karate Kid

【映画情報】

製　作　年：1984年
製作会社：Columbia Pictures 他
公　開　日：1984年　6月22日（米）
　　　　　　1985年　2月16日（日）
上映時間：127分
年齢制限：PG（米）
ジャンル：アクション、ドラマ、家族、スポーツ
ノミネート：第57回アカデミー助演男優賞

【スタッフ＆キャスト】

監督：ジョン・G・アヴィルドセン
脚本：ロバート・マーク・ケイメン
製作：ジェリー・ワイントロープ
編集：ジョン・G・アヴィルドセン 他
ダニエル：ラルフ・マッチオ
ミヤギ：ノリユキ・パット・モリタ
アリ：エリザベス・シュー
ジョニー：ウイリアム・ザブカ

第19章　モリー先生との火曜日
Tuesdays with Morrie

【映画情報】

製　作　年：1999年
製作会社：Carlton America 他
公　開　日：1999年 12月　5日（米）
　　　　　　2000年　9月15日（日）
上映時間：89分
年齢制限：設定なし
ジャンル：伝記、ドラマ
受　　　賞：第52回エミー賞作品賞他3部門

【スタッフ＆キャスト】

監督：ミック・ジャクソン
脚本：トム・リックマン
編集：キャロル・リトルトン
原作：ミッチ・アルボム
モリー・シュワルツ：ジャック・レモン
ミッチ・アルボム：ハンク・アザリア
ジャニーン：ウェンディ・モニツ
シャーロット：ボニー・バートレット

第20章　リロ＆スティッチ
Lilo & Stitch

【映画情報】

製　作　年：2002年
製作会社：Walt Disney Pictures 他
公　開　日：2002年　6月21日（米）
　　　　　　2003年　3月　8日（日）
上映時間：85分
年齢制限：PG（米）
ジャンル：アニメ、冒険、コメディ、家族 他
ノミネート：第75回アカデミー長編アニメ賞

【スタッフ＆キャスト】

監督：クリス・サンダース 他
脚本：クリス・サンダース 他
製作：クラーク・スペンサー
編集：ダレン・ホームス
ナニ：ティア・カレル
スティッチ：クリス・サンダース
リロ：ダヴェイ・チェイス
コブラ・バブルス：ヴィング・レイムズ

初出一覧

第 1 章　きみがくれた未来
　寶壺貴之 (2012)「きみがくれた未来」『第 1 回映画英語アカデミー賞』pp.160-161　名古屋：フォーイン.

第 2 章　家族の庭
　寶壺貴之 (2013)「家族の庭」『第 2 回映画英語アカデミー賞』pp.156-157　名古屋：フォーイン.

第 3 章　人生の特等席
　寶壺貴之 (2014)「人生の特等席」『第 3 回映画英語アカデミー賞』pp.160-161　名古屋：フォーイン.

第 4 章　LIFE! / ライフ
　寶壺貴之 (2015)「ライフ」『第 4 回映画英語アカデミー賞』pp.188-189　名古屋：フォーイン.

第 5 章　天国は、ほんとうにある
　寶壺貴之 (2017a)「天国は、ほんとうにある」『第 5 回映画英語アカデミー賞』pp.174-175　名古屋：フォーイン.

第 6 章　ミニオンズ
　寶壺貴之 (2017b)「ミニオンズ」『第 5 回映画英語アカデミー賞』pp.186-187　名古屋：フォーイン.

第 7 章　しあわせはどこにある
　寶壺貴之 (2017i)「しあわせはどこにある」『第 6 回映画英語アカデミー賞』pp.52-53　名古屋：フォーイン.

第 8 章　しあわせへのまわり道
　寶壺貴之 (2017j)「しあわせへのまわり道」『第 6 回映画英語アカデミー賞』pp.54-55　名古屋：フォーイン.

第 9 章　スター・ウォーズ / フォースの覚醒
　寶壺貴之 (2017k)「スター・ウォーズ / フォースの覚醒」『第 6 回映画英語アカデミー賞』pp.62-63　名古屋：フォーイン.

第 10 章　ゴーストバスターズ
　寶壺貴之 (2017h)「ゴーストバスターズ」『第 6 回映画英語アカデミー賞』pp.46-47　名古屋：フォーイン.

第 11 章　コンカッション
　寶壺貴之 (2018a)「コンカッション」『第 7 回映画英語アカデミー賞』pp.96-99　名古屋：フォーイン.

第 12 章　ローグ・ワン / スター・ウォーズ・ストーリー
　寶壺貴之 (2018b)「ローグ・ワン / スター・ウォーズ・ストーリー」『第 7 回映画英語アカデミー賞』pp.172-175　名古屋：フォーイン.

第 13 章　スター・ウォーズ / 最後のジェダイ
　　寳壺貴之(2019a)「スター・ウォーズ / 最後のジェダイ」『第 8 回映画英語アカデミー賞』pp.144-147 名古屋：フォーイン．

第 14 章　ハン・ソロ / スター・ウォーズ・ストーリー
　　寳壺貴之(2019b)「ハン・ソロ / スター・ウォーズ・ストーリー」『第 8 回映画英語アカデミー賞』pp.160-163 名古屋：フォーイン．

第 15 章　アンドリュー NDR114
　　寳壺貴之(2017f)「アンドリュー NDR114」『先生が薦める英語学習のための特選映画 100 選「社会人編」』pp.20-21 名古屋：フォーイン．

第 16 章　フィールド・オブ・ドリームス
　　寳壺貴之(2017g)「フィールド・オブ・ドリームス」『先生が薦める英語学習のための特選映画 100 選「社会人編」』pp.124-125 名古屋：フォーイン．

第 17 章　ラスト サムライ
　　寳壺貴之(2017e)「ラスト サムライ」『先生が薦める英語学習のための特選映画 100 選「大学生編」』pp.196-197 名古屋：フォーイン．

第 18 章　ベスト・キッド
　　寳壺貴之(2017c)「ベスト・キッド」『先生が薦める英語学習のための特選映画 100 選「大学生編」』pp.158-159 名古屋：フォーイン．

第 19 章　モリー先生との火曜日
　　寳壺貴之(2017d)「モリー先生との火曜日」『先生が薦める英語学習のための特選映画 100 選「大学生編」』pp.192-193 名古屋：フォーイン．

第 20 章　リロ＆スティッチ
　　書き下ろし

＊第1章 - 第19章まで、再録に当たって加筆修正を施している。

参考文献

Albom, Mitch (1997) *Tuesdays with Morrie*. New York: Anchor Books.
アルボム, ミッチ[著]、別宮貞徳[訳] (1998)『モリー先生との火曜日』東京：NHK 出版.
Asimov, Isaac (c1950) *I, robot*. New York: Gnome Press.
ベッカー, カール (1992)『死の体験−臨死現象の探求−』京都：法蔵館.
Burpo, Todd and Vincent, Lynn (2010) *Heaven is for Real: A Little Boy's Astounding Story of His Trip to Heaven and Back*. Nashville: Thomas Nelson.
エマソン, ラルフ ウォルドー[著]、酒本雅之[訳] (1972)『エマソン論文集 (上)』東京：岩波書店.
エマソン, ラルフ ウォルドー[著]、酒本雅之[訳] (1973)『エマソン論文集 (下)』東京：岩波書店.
Fox, Michael J. (2002) *Lucky Man*. New York: Hyperion.
Frankl, Viktor Emil (c1946) *Ein Psycholog erlebt das Konzentrationslager*. Wien: Verlag für Jugend und Volk.
Frankl, Viktor Emil (2006) *Man's Search for Meaning: An Introduction to Logotherapy*. Part one translated by Lasch, Ilse. Boston: Beacon Press.
Hill, Napoleon (1937) *Think and Grow Rich*. Meriden, Conn: The Ralston society.
ヒルティ, カール[著]、秋山英夫[訳] (1968)『幸福論』東京：角川書店.
寳壺貴之他[編] (2013)『映画スターの人生と活躍の日々』名古屋：フォーイン.
Kinsella, W. P. (1982) *Shoeless Joe*. Boston: Houghton Mifflin.
Lelord, François (2002) *Le Voyage d'Hector ou la Recherche du bonheur*. Paris: Éditions Odile Jacob.
ルロール, フランソワ[著]、髙橋啓[訳] (2003)『幸福はどこにある　精神科医ヘクトールの旅』東京：NHK 出版.
新渡戸稲造[著]、矢内原忠雄[訳] (1938)『武士道』東京：岩波書店.
大石晴美 (2006)『脳科学からの第二言語習得論』京都：昭和堂.
沖田行司 (1997)『ハワイ日系移民の教育史：日米文化、その出会いと相剋』京都：ミネルヴァ書房.
Sherwood, Ben (2004) *The Death and Life of Charlie St. Cloud*. New York: Bantam Books.
Suzuki, Daisetz Teitaro (1938) *Zen Buddhism and its influence on Japanese culture*. Kyoto: The Eastern Buddhist society.
Thurber, James (1939) "The Secret life of Walter Mitty." *New Yorker*. March 18.
Volker, Craig Alan and Hoko, Takayuki (2001) *Internet Surfing: Hawai'i*. Nagoya: Sankeisha.
Widdowson, H. G. (1978) *Teaching Language as Communication*. Oxford: Oxford University Press.
山本常朝[著]、菅野覚明, 栗原剛, 木澤景, 菅原令子[訳・注・校訂] (2017)『葉隠：新校訂全訳注 上』東京：講談社.
山梨正明 (2000)『認知言語学原理』東京：くろしお出版.

参考映像資料

Abrams, Jeffrey Jacob, director. (2015) *Star Wars: Episode VII - The Force Awakens*.『スター・ウォーズ エピソード7／フォースの覚醒』.
Avildsen, John Guilbert, director. (1984) *The Karate Kid* .『ベスト・キッド』.
Balda, Kyle and Coffin, Pierre, directors. (2015) *Minions*.『ミニオンズ』.
Bay, Michael, director. (1998) *Armageddon*.『アルマゲドン』.
Brooks, James Lawrence, director. (1997) *As Good as It Gets*.『恋愛小説家』.
Cain, Christopher, director. (1994) *The Next Karate Kid*.『ベスト・キッド4』.
Chelsom, Peter, director. (1998) *The Mighty*.『マイ・フレンド・メモリー』.
Chelsom, Peter, director. (2004) *Shall We Dance?*『Shall We dance? シャル・ウィ・ダンス？』.
Chelsom, Peter, director. (2014) *Hector and the Search for Happiness*.『しあわせはどこにある』.
Coffin, Pierre and Renaud, Chris, directors. (2010) *Despicable Me*.『怪盗グルーの月泥棒 3D』.
Coffin, Pierre and Renaud, Chris, directors. (2013) *Despicable Me 2*.『怪盗グルーのミニオン危機一発』.
Coixet, Isabel, director. (2003) *My Life Without Me*.『死ぬまでにしたい10のこと』.
Coixet, Isabel, director. (2014) *Learning to Drive*.『しあわせへのまわり道』.
Columbus, Chris, director. (1999) *Bicentennial Man*.『アンドリュー NDR114』.
Dante, Joe, director. (1984) *Gremlins*.『グレムリン』.
DeBlois, Dean and Sanders, Chris, directors. (2002) *Lilo & Stitch*.『リロ＆スティッチ』.
Eastwood, Clint, director. (1992) *Unforgiven*.『許されざる者』.
Eastwood, Clint, director. (1995) *The Bridges of Madison County*.『マディソン郡の橋』.
Eastwood, Clint, director. (2004) *Million Dollar Baby*.『ミリオンダラー・ベイビー』.
Eastwood, Clint, director. (2006) *Letters from Iwo Jima*.『硫黄島からの手紙』.
Eastwood, Clint, director. (2008) *Gran Torino*.『グラン・トリノ』.
Edwards, Gareth, director. (2016) *Rogue One: Star Wars Story*.『ローグ・ワン／スター・ウォーズ・ストーリー』.
Feig, Paul, director. (2016) *Ghostbusters*.『ゴーストバスターズ』.
Fincher, David, director. (2010) *The Social Network*.『ソーシャル・ネットワーク』.
Haynes, Todd, director. (2002) *Far from Heaven*.『エデンより彼方に』.
Hedges, Peter, director. (2003) *Pieces of April*.『エイプリルの七面鳥』.
Howard, Ron, director. (2001) *A Beautiful Mind*.『ビューティフル・マインド』.
Howard, Ron, director. (2018) *Solo: A Star Wars Story*.『ハン・ソロ／スター・ウォーズ・ストーリー』.
Jackson, Mick, director. (1999) *Tuesdays with Morrie*.『モリー先生との火曜日』.
Johnson, Rian, director. (2012) *Looper*.『LOOPER／ルーパー』.
Johnson, Rian, director. (2017) *Star Wars: Episode VIII - The Last Jedi*.『スター・ウォーズ エピソード8／最後のジェダイ』.
Kershner, Irvin, director. (1980) *Star Wars: Episode V - The Empire Strikes Back*.『スター・ウォーズ エピソード5／帝国の逆襲』.
Klapisch, Cédric, director. (2005) *Les poupées russes*.『ロシアン・ドールズ』.
Landesman, Peter, director. (2013) *Parkland*.『パークランド ケネディ暗殺、真実の4日間』.

Landesman, Peter, director. (2015) *Concussion*. 『コンカッション』.
Leigh, Mike, director. (2002) *All or Nothing*. 『人生は、時々晴れ』.
Leigh, Mike, director. (2010) *Another Year*. 『家族の庭』.
Lorenz, Robert, director. (2012) *Trouble with the Curve*. 『人生の特等席』.
Lucas, George, director. (1973) *American Graffiti*. 『アメリカン・グラフィティ』.
Lucas, George, director. (1977) *Star Wars*. 『スター・ウォーズ エピソード 4 / 新たなる希望』.
Lucas, George, director. (1999) *Star Wars: Episode I - The Phantom Menace*. 『スター・ウォーズ エピソード 1 / ファントム・メナス』.
Lucas, George, director. (2002) *Star Wars: Episode II - Attack of the Clones*. 『スター・ウォーズ エピソード 2 / クローンの攻撃』.
Lucas, George, director. (2005) *Star Wars: Episode III - Revenge of the Sith*. 『スター・ウォーズ エピソード 3 / シスの復讐』.
Mann, Michael, director. (2001) *ALI*. 『ALI アリ』.
Marquand, Richard, director. (1983) *Star Wars: Episode VI - Return of the Jedi*. 『スター・ウォーズ エピソード 6 / ジェダイの帰還』.
McLeod, Norman Zenos, director. (1947) *The Secret Life of Walter Mitty*. 『虹を掴む男』.
Miller, Bennett, director. (2011) *Moneyball*. 『マネーボール』.
Miner, Steve, director. (1992) *Forever Young*. 『フォーエバー・ヤング』.
Muccino, Gabriele, director. (2006) *The Pursuit of Happyness*. 『幸せのちから』.
Nichols, Mike, director. (1991) *Regarding Henry*. 『心の旅』.
Payne, Alexander, director. (2004) *Sideways*. 『サイドウェイ』.
Reitman, Ivan, director. (1984) *Ghostbusters*. 『ゴーストバスターズ』.
Robinson, Phil Alden, director. (1989) *Field of Dreams*. 『フィールド・オブ・ドリームス』.
Russell, David Owen, director. (2010) *The Fighter*. 『ザ・ファイター』.
Scott, Ridley, director. (1982) *Blade Runner*. 『ブレードランナー』.
Scott, Ridley, director. (2015) *The Martian*. 『オデッセイ』.
Shankman, Adam, director. (2007) *Hairspray*. 『ヘアスプレー』.
Steers, Burr, director. (2010) *Charlie St. Cloud*. 『きみがくれた未来』.
Stiller, Ben, director. (2013) *The Secret Life of Walter Mitty*. 『LIFE! / ライフ』.
Wallace, Randall, director. (1998) *The Man in the Iron Mask*. 『仮面の男』.
Wallace, Randall, director. (2014) *Heaven Is for Real*. 『天国は、ほんとうにある』.
Weir, Peter, director. (1989) *Dead Poets Society*. 『いまを生きる』.
Zemeckis, Robert, director. (1985) *Back to the Future*. 『バック・トゥ・ザ・フューチャー』.
Zemeckis, Robert, director. (1989) *Back to the Future Part II*. 『バック・トゥ・ザ・フューチャー PART2』.
Zemeckis, Robert, director. (1990) *Back to the Future Part III*. 『バック・トゥ・ザ・フューチャー PART3』.
Zwart, Harald, director. (2010) *The Karate Kid*. 『ベスト・キッド』.
Zwick, Edward, director. (2003) *The Last Samurai*. 『ラスト サムライ』.

索引

A to Z

A.I. 71, 88
aloha 121
ALS 7, 13, 110, 111, 112, 113
Anthology films 69, 80
Compassion 102
Complete Sincerity 102
concussion 62, 63
Content-Based Approach 34
CTE 62
DMV 46
Duty and Loyalty 102
empty hands 109
ESP 10, 11, 13
FBI 63
fMRI 67
Heroic Courage 102
Honesty and Justice 102
Honor 100, 102, 103
NFL 62, 63, 64, 66, 67
non-verbal 33
O'hana 120
PET 67
Polite Courtesy 102
SNS 20
World Englishes 41, 64, 101

あ

アロハの精神 117, 118, 120, 121
アンソロジー・フィルム 69, 80

い

異文化理解 105, 108, 111, 115, 117

う

ヴィジュアル化 21, 22

お

オープニング・クロール 72, 76
オハナ 116, 117, 120

か

外部世界 103
学習方法 7, 52, 73, 82, 118
空手 109

き

義 102
帰納的 35
筋萎縮性側索硬化症 7, 13, 110, 111, 112

こ

高次脳機能測定装置 67
高等教育機関 27, 122

し

死生学 27
仁 102
真意 4, 10, 112
人工知能 88
人生観 13, 63, 91, 111, 112, 122, 123
震盪 62, 63, 66

す

スピンオフ映画 68, 69, 72, 80, 81

せ

世界語 41, 64, 101

た

第二言語習得 67
ダライ・ラマ 39

ち

忠 102

て

ディクテーション 52, 82
ディスカッション 13, 19, 67, 73
ディベート 67

に

人間理解 122, 123
認知言語学 28, 103
認知的メカニズム 67

の

脳機能イメージング法 67
脳神経科学 67
ノン・バーバル 37

は

パーキンソン病 123
バーバル 37
はかなさ 103, 115
ハワイ日系移民 121

ひ

ビジネス英語 22
比喩 28, 47, 113
ヒューマンドラマ 20, 22, 87, 111, 112
表意 4, 10, 112

ふ

武士道 73, 99, 100, 102, 103
文化的背景 122

ま

マクロレベル 103
誠 102
慢性外傷性脳症 62

み

ミクロレベル 103

む

無 109
無常 85, 103, 115

め

名誉 56, 98, 100, 102, 103

や

大和魂 99

ゆ

勇 102

り

リブート 57
リメイク 21, 57, 105, 109
臨死体験 26, 27, 28, 30, 31

れ

礼 101, 102

著者略歴

寳壺貴之（ほうこ　たかゆき）

岐阜県生まれ。同志社大学文学部卒業、滋賀大学大学院教育学研究科教科教育専攻英語教育専修修士課程修了（教育学修士）、名古屋大学大学院国際開発研究科国際コミュニケーション専攻大学院研究生、佛教大学大学院文学研究科英米文学専攻博士後期課程単位取得満期退学。

現在、岐阜聖徳学園大学准教授（専門：映画英語教育・学習英文法）、同志社大学嘱託講師、映画英語アカデミー学会会長、映像メディア英語教育学会中部支部運営委員、外国語教育メディア学会中部支部評議員。

主要著書：『アメリカ映画の名セリフベスト100』（フォーイン、2015年、共著）、『大学英語教育の可能性』（丸善出版、2012年、共著）他.

映画から学ぶ人生のヒント
― 英語教育と人間教育の視点から ―

2019年10月22日　初版第1刷

著　　者	寳壺貴之
編　集　者	小寺巴／菰田麻里
発　行　者	鈴木雅夫
発　売　元	株式会社フォーイン スクリーンプレイ事業部 〒464-0025 名古屋市千種区桜が丘292 TEL (052)789-1255／FAX (052)789-1254 振替 00860-3-99759 https://www.screenplay.jp
印刷・製本	株式会社チューエツ

ISBN978-4-89407-603-7
定価はカバーに表示してあります。無断で複写、転載することを禁じます。
乱丁、落丁本はお取り替えいたします。